Det Utfrysta Vittnet

M ordet på Olof Palme och Estoniakatastrofen

Fasaderna Rämnar

Robert Barestrand

Det Utfrysta Vittnet

Robert Barestrand

M ordet på Olof Palme och Estoniakatastrofen

Fasaderna Rämnar

© 2025 Robert Barestrand (ansvarig utgivare)

Korrekturläsning: Christopher Sjölund, Mette Mork
Ytterligare medverkande: Els-Marie Tidelius, Tobias Henricsson

Förlag: BoD · Books on Demand, Östermalmstorg 1, 114 42 Stockholm, Sverige, bod@bod.se
Tryck: Libri Plureos GmbH, Friedensallee 273, 22763 Hamburg, Tyskland

ISBN: 978-91-8097-025-9

Innehållsförteckning

Förord

Skriften är grundad på Robert Barestrands okända berättelse och de minnen som han har i behåll gällande de händelser som slutligen ledde fram till mordet på Olof Palme. Materialet i sig är delvis grundat på ljudupptagningar utförda på mordplatsen och omkringliggande platser.

Vi som har varit behjälpliga med att få Roberts historia nedtecknad är enbart intresserade av att sanningen om mordet på Olof Palme kommer till allmän kännedom. Robert själv har genomfört flera försök att delge polisutredningen sina uppgifter, varav det första försöket gjordes redan år 1986. Ett efterföljande försök, det hittills sista, genomfördes i april 2018, då Robert bereddes tillfälle att träffa utredaren **Sven-Åke Blombergsson**. Robert har även efteråt talat med utredaren **Hans Melander** per telefon, men kontakten utmynnade aldrig i något regelrätt förhör.

Utredningen har aldrig tagit Roberts uppgifter på allvar. Det blir därmed lätt skrattretande att utredningen lades ner på ett något udda manér. Kortfattat beskrivet presenterades **Stig Engström** som gärningsperson på en högt emotsedd presskonferens den 10:e juni 2020.

*Kuriosa: Engström upphittades avliden i sin bostad den 16:e juni år 2000, dock fastställdes själva dödsdatumet varandes **den 10:e juni** samma år. Intressant tillfällighet hur som helst.*

För initierade stod det redan inledningsvis klart att utredningen låtit sig direkt påverkas av författaren till "Den osannolike mördaren", Thomas Pettersson. Vidare var det som anfördes på presskonferensen att betecknas som inget annat än återvunnet gammalt material. Engström hade tilldragit sig utredningens intresse redan i inledningsskedet år 1986 och blev sedermera avförd tidigt år 1987. Privatspanaren Olle Minell uppmärksammade Engström i en serie artiklar i tidningen Proletären åren 1989-1990. Rent krasst innehöll artiklarna ifråga allt som åklagare Krister Petersson sedermera kom att anföra på presskonferensen år 2020. Dock åtföljdes presentationen av två flagranta osanningar.

För det första hävdade Petersson att vittnet Lars Jeppsson var säker på att den flyende personen bar keps, när det i verkligheten var den detaljen som Jeppsson uppvisade osäkerhet kring. Observationen Jeppsson var övertygad om var att gärningspersonen bar en jacka, definitivt ingen längre rock. För det andra hävdades det att Engström stämplade ut från sin arbetsplats efter konversationen med väktarna som bemannade receptionen i Skandiabyggnaden. Dock uppger nämnda personal att Engström lämnade byggnaden omgående efter samtalet. Det råder således ingen tvekan om att han redan stämplat ut då samtalet med väktarna inleddes. Tidpunkten för stämplingen fanns därutöver lagrad i systemet.

Men med det sagt, var det trots allt ingen tillfällighet att Engström lämnade Skandiahuset omkring 23:20 nämnda fredag, då Engström faktiskt var delaktig i sammansvärjningen. Däremot ville han inte bli vittne till det planerade mordet eftersom han kände gärningsmannen. Alla utredare bör hata slumpen, som det brukar heta.

Robert själv hade träffat Engström vid flertalet tillfällen under förberedelserna och kan t.o.m. ge Engström alibi p.g.a. att Robert var först att anlända till den skadade Olof Palme. Robert kom därför sedermera att erhålla beteckningen "ynglingen" i vissa efterföljande upprättade förhör med vittnen…

Inför publicering har skriften i sin helhet godkänts av Robert Barestrand

Robert Barestrands bakgrund och uppväxt

Robert Barestrand föddes den 12:e november 1969 i Polen som Jacek Robert Baranowski. Roberts familj flyttade från Polen till Stockholm på sent 1970-tal, varefter Robert själv anlände till Sverige kring år1980 och erhöll då namnet Jacek Robert Barestrand. Robert levde ett självständigt liv i Stockholm, delvis åtskild från sina föräldrar, i de tidiga tonåren. Efter ett års studier på Enskede Gårds gymnasium hoppade Robert av skolan och sökte en än mer självständig tillvaro i enlighet med tesen om "livets hårda skola".

Omkring år 1985 när Robert ännu ägnade sig åt studier blev han uppvaktad av studieassistenten **Håkan E** i samband med praktisk metallslöjd. Håkan E uppger att han har noterat att Robert är händig inom området och berömmer honom. Därefter börjar Håkan E observera Roberts framsteg och styrkor, varigenom de båda med tiden blir mer och mer bekanta inbördes.

Tiden passerar förbi och Robert presenteras för en av Håkans vänner, en person vid namn **Gunnar Ställfors**[1]. Gunnar var vid tidpunkten bosatt i Stockholmsförorten Alby. Han hyrde därutöver en sommarstuga i Norrtälje, samt en båt som han var i behov av en gast till.

Som pigg och äventyrslysten person uppskattade Robert att ta till sig nya kunskaper. Han hade tidigare varit medlem i Mälardalens scoutförening och deltagit i seglarscouternas verksamhet, varvid Robert erhöll kunskaper och erfarenhet inom sjölivet. Allteftersom tiden gick började Robert åtfölja Gunnar på dennes båtutflykter och Roberts hantering av farkosten rönte mycket uppskattning.

Även Håkan hade en båt i sin ägo, närmare bestämt en segelbåt, troligtvis en Maxi-77 eller motsvarande modell. Vid ett tillfälle medföljde Robert på en sjötur och de kom att angöra en plats norr om Vaxholm. Det var också vid den här tidpunkten som Robert noterade att Håkan började med fysiska närmanden gentemot honom. Robert avvisade Håkan, dock kvarstod känslan av obehag. Därpå kom de till en plats, Ilsholmen, där Gunnar hyrde en stuga och som var belägen längs rutten till Vätö. För att undkomma storstadslivet, och även sin alkoholiserade mor, började Robert tillbringa vissa veckoslut på stugan ifråga.

Robert hade vid det här laget lärt sig hyfsad svenska, och han var intelligent och duktig men behövde mer hjälp i skolan, speciellt i det svenska språket. Tyvärr fick han inte det. Detta märkte Gunnar, och problemen hemma ledde till slut till att Robert flyttade in till Gunnar, mer eller mindre. Man kan säga att Gunnar hjälpte honom att utvecklas som person i Sverige.

Gunnar hade också många roliga och spännande prylar, intressanta böcker att läsa, och massa videofilmer att titta på. Dessutom hittade han på en massa roliga saker, vilket gjorde livet mer bekvämt och roligt för Robert. Vartefter han lärde sig mer och mer svenska, och klarade därför av sin högstadietid bättre. Runt tiden för mordet befann sig Robert mestadels på gymnasiet och hos Gunnar, och kom även hem till sin mamma från och till.

Det visade sig sedermera att även Gunnar hade en dragning till unga pojkar, vilket dessvärre i viss utsträckning kom att bli skadligt för Robert. Trots att inga direkta påstötningar förekom uppvisade Robert en avvisande inställning som kom att respekteras. Inledningsvis var bekantskapen grundad på Roberts känsla av övergivenhet, varefter Gunnar kom att uppfylla rollen som en "extra far" och en garant för trygghet. Vidare kom Gunnar att utgöra en slags mentor åt Robert. Gunnar, å sin sida, må ha upplevt det som att han hade en "son" som kunde vara behjälplig med diverse ärenden och mindre uppdrag.

Vad gäller upptrappningen till mordet insåg Robert inte vidden av vad som försiggick. Dock så höll sig Robert ajour om vad som pågick efter bästa förmåga. Rent generellt åtföljde Robert anhanget med Gunnar i spetsen i allt de företog sig. Vidare utvecklade det sig så att Robert kom att bistå gruppen med en del praktiska göromål, även om han inte själv insåg ändamålen eller meningen fullt ut. Robert lärde sig en hel del i samband med allt detta och det kan påstås att det blev ingången till vuxenlivet för Robert.

Mordets förspel

Robert snappade upp väldigt mycket av vad Gunnar och hans medkumpaner pratade om, även om de inte tycktes förstå att han gjorde det. I och med alla dessa upptåg blev han mer och mer intresserad av att lyssna på vad de pratade om, och lade det på minnet. Till saken hör att Gunnar hade ett kontor på Sparbanksvägen 4 i Hägersten. Detta var ett före detta bank- och postkontor med ett tillhörande kassavalv, där han drev en firma med olika projekt. Bland annat köpte han upp en annan firma som höll på med parfym, därefter försökte han producera ett djurschampo, och skapade även en medicin mot ringmask. Senare startade han ett projekt med att programmera om datorer. Ingen av dessa projekt var särskilt framgångsrika.

Men mest var Gunnar ändå känd för sitt arbete som konferencier vid olika evenemang, som underhållare vid köpcenter, firmafester, på finlandsbåtar och i radioprogram, ofta förekommande i olika musiksammanhang. Kontoret blev som en bas för hans projekt. Roberts hobby däremot var att bygga modellflygplan på den tiden, vilket han bland annat sysselsatte sig med när han var på Gunnars kontor.

På detta kontor kom det ofta olika personer och hälsade på Gunnar. Dels goda vänner, men det kom också affärspartners och personer som han samarbetade med i sina olika projekt. Nedan nämns de personer som hade mer eller mindre anknytning till Palmemordet, dock inte satt i någon speciell rangordning. En av vännerna som han samarbetade med var just **Håkan E**, som också kan ses som en nyckelfigur i planeringen.

Att notera. P.g.a. integritetsskäl är alla namn på personer tillhörande gruppen fingerade, med undantag av Gunnar Ställfors. Individer som saknar direkt anknytning till gruppen presenteras med faktiska namn.

Några andra deltagare var **Thomas H** och **Jonas N**. De båda var äventyrsseglare och även personliga vänner med Gunnar. Dessutom fick Gunnar besök av en programmerare vid namn **Joel Ö,** som arbetade med

15

datorer av modell ABC80. Nämnde Joel rekryterade sedermera en person vid namn **Lars M.** Lars i sin tur var bekant med ytterligare en individ, vilken Robert minns gick under namnet **"Jonas"** och bedöms ha varit i 20-årsåldern vid tidpunkten ifråga.

Denne "Jonas" ska, enligt vad Robert minns, ha arbetat som datorexpert hos polisen, och han hjälpte även till med programmering av datorer till Lars. "Jonas" hade dessutom en del kontakter inom polisens dykarskola, och Robert tränade djupandning, vid något tillfälle, tillsammans med honom där. "Jonas" hade fått höra i polisens omklädningsrum att makarna Palme skulle gå utan livvakter vid tiden för mordet, och även *när* och *hur* de skulle röra sig på stan. De fick tydligen veta ganska sent innan mordet att Palme skulle gå på bio den kvällen. Enligt Robert skedde det bara några dagar innan mordet.

Gunnar och Robert brukade hälsa på ytterligare en vän till Gunnar som heter **Rolf K,** som följaktligen kom att bli delaktig i mordet på Olof Palme. Robert drar sig till minnes i synnerhet ett tillfälle under planeringsskedet, då Rolf talade med Gunnar om någon som hette **"Yvonne"**. Gunnar var bosatt i Stockholmsförorten Alby i en byggnad intill Rolfs, och även Yvonne var bosatt i närheten. Enligt Robert var det så pass nära att de nästan kunde betecknas varande grannar. Vid det specifika tillfället diskuterades Yvonnes pålitlighet varav Rolf undrade: "kan vi lita på att hon dyker upp vid rätt plats och rätt tidpunkt?". Rolf hade även kännedom om att Yvonne sällskapade med en ny pojkvän, som kan förutsättas vara Ahmed Zahir (avliden sedan år 2007).

Uppskattningsvis två veckor innan mordet var Robert och några av grabbarna på besök hos dåvarande bankdirektören **Bertil Albons**[2] på adressen Sveavägen/Tegnergatan där SEB hade ett kontor. Robert yttrar skämtsamt om Olof Palme: "Den där jäveln borde skjutas!", varefter Gunnar ger Robert en misstänkt blick, kanske orolig över att Robert kanske förstod något.

Några få dagar innan mordet minns Robert att det började pratas och planeras febrilt inför, vad han senare förstod, var mordet på Olof Palme. Enligt Robert hade både Gunnar och Håkan ett uttalat förakt mot Olof

Palme, även om det inte var deras förakt som låg som motiv bakom gärningen. Det tycks istället ha varit en ekonomiskt motiverad handling från deras sida.

Vid något tillfälle ringde Håkan ett telefonsamtal från Gunnars kontor till Olof Palme, dock uteblev något svar. En tid innan mordet åkte Robert, Håkan och Gunnar i den sistnämndas bil, en grön Volvo 242, med destination Gamla Stan i Stockholm. Väl där parkerades fordonet utanför kungliga palatset, på en parkeringsplats som då ännu var i bruk.

Gunnar och Robert begav sig då in till Gamla Stan och uppsökte ett särskilt hus, en äldre byggnad belägen baktill i en större gränd. De båda förblev stående där i ca 15 minuter, spanandes uppåt mot byggnadens fönster. Kort därpå återvände de till fordonet där Robert fick sitta och vänta, medan Gunnar och Håkan E återigen begav sig in till Gamla Stan. Ett antagande från Robert är att de återvände till samma byggnad som han själv just befunnit sig på utsidan av, emellertid fick Robert aldrig någon förklaring till orsaken varför de granskat huset ifråga.

Robert erinrar sig om att inte långt innan mordet besöktes Gunnars sommarstuga på Ilsholmen av någon typ av kriminaltekniker. Individen i fråga förevisade hur polisen arbetar ur en rent teknisk synpunkt. Förevisningen varade uppemot en halv dag och det demonstrerades hur exempelvis spår säkras, bland en del annat.

På kontoret i Hägersten

Inför mordet hade Håkan E hämtat ut patroner från en vapenhandlare i Stockholmsförorten Hägersten. Dock var det knappast dessa som slutligen kom att användas vid mordet. Den, i verkligheten använda ammunitionen, var mantlad i koppar och fylligare och hade därtill en nyans av blått. Gunnar förvarade vapnet och ammunitionen i en portfölj i kassavalvet som fanns på hans kontor. Enligt vad Robert minns hade vapnet provskjutits tidigare, troligtvis i Stockholmsförorten Solna.

Robert frågade Gunnar en gång om han var höger eller vänsterhänt, men enligt vad Robert minns så fick han till svar att han var både och, men att han oftast använde sin vänsterhand. Robert minns att när de var vid pelaren innan mordet, höll Gunnar revolvern i vänster hand när han laddade det. Ett annat minne är att Håkan en dag innan kom med ett ID-kort till Gunnar, men att han inte tyckte att det blev bra nog. Ett ID-kort som han skulle kunna använda på skjutbanan.

Tre personer som skulle kunna benämnas som "Skandia-män" kommer till Gunnars hem, där även Robert befinner sig. De tre mörkklädda männen stiger ur en svart bil som kommer ute vid gatan. Det var någon typ av veteranbil från ca 1940/50-talet. Väldigt likt en Citroën Traction Avant, eller kanske en gammal Opel. Robert åker hiss med en av dem ner efter mötet. Han minns att **Stig Engström**[3] tog trapporna ner tillsammans med en annan person som det var viktigt att Robert inte fick se. Vid tillfället blev Robert även tillsagd att gå ut ifrån lägenheten. Han fick gå upp i trapphuset och "gömma sig" högre upp.

Så här minns Robert männen: En elegant herre som doftade parfym som han åkte hiss med ner. Senare fick Gunnar en mössa av den mannen, som det gick att dölja de gula hörselskydden i. Då var även Håkan och Jonas med vid det tillfället. Detta var någonstans vid hörnet på Skandiahuset i en sorts butik som vi gett arbetsnamnet "Bageributiken".

Den andra "Skandiamannen" kan ha varit den långa mannen som återkommer i Roberts berättelse flera gånger och skulle enligt honom kunna vara den man som han möter när han tar sig förbi baracken mot makarna Palme. Den tredje personen var **Stig Engström**.

Veckan innan det förestående mordet

Vid tiden för planeringsstadiet var Gunnar, Robert och en annan, okänd man, och åt på en finare restaurang på Djurgården i Stockholm. Den låg om man åker förbi Gröna Lund och vidare längre ut på Djurgården. Dagen efter restaurangbesöket, så besökte Gunnar och Robert Rolf K. Roffes medverkan var bland annat att få dit den "långa damen" tillsammans med en man. Roffe skulle bevaka södra sidan, sedan kom han med paret från södra sidan till pelaren, och därefter gick de direkt till baracken. De befann sig då i baracken som var på markplan. Gunnar sa angående Palme: "Om inte *jag* tar död på fanskapet kommer ungdomarna ha ihjäl honom."

Vid ett tillfälle, hur långt innan mordet vet Robert inte riktigt, följde han med in i Skandiahuset. Han fick då gå upp till **Stigs Engströms** kontor, där han fick vänta utanför kontoret. Han minns att där fanns det en blå matta, ett runt bord i en innerhörna och några stolar i korridoren.

Vid något tillfälle hörde Robert Stig Engström säga till Gunnar, beträffande vakterna i entrén till Skandiahuset, att han hade koll på dem och att det ordnar sig. En annan gång var Gunnar uppe hos Stig och Robert fick då vänta nere i foajén. Efter det besöket körde de iväg i Gunnars bil och så påpekar Gunnar någonting om "tiden" och kollar på klockan på kulturhuset. Då säger han så här till Robert: *"Det är härifrån tiden styrs"* och *"Så här vinner man 2 ½ min. Jag ville helst ha 5 min, men det gick inte."* Robert vet inte vad han menade med detta. Detta skedde ca en dag innan mordet.

På morgonen, samma dag som mordet skedde, kör Gunnar och Robert till Uppsala. Där träffade de en person inom det militära. Robert vill minnas att den personen kanske hade någon viktig position inom det militära. Han bodde i ett hyreshus. Mötet varade i ca 20 min och Robert fick inte följa med upp till militären, utan satt kvar i bilen hela tiden.

Senare samma dag "anmäler" Gunnar sig, vid någon form av militär anläggning längs vägen vid Söder Mälarstrand. "Där skulle man anmäla sig innan man satte igång med något".

Fredag kväll den 28 februari 1986

Gunnar och Robert var hos bankdirektör Bertil Albons redan runt kl. 18, och skulle senast åka ifrån Bertil i Solna, exakt kl. 22.00. De kör in till stan, på vägen från Norrtull. De stannar först till vid en P-ficka på Sveavägen, mellan Grand och Adolf Fredriks kyrkogård. Gunnar går ut och snackar med Thomas H, som står vid telefonautomaten. Gunnar säger sedan: "Nu ska vi åka och hämta Håkan på Vasagatan".

De kör vidare mot Sergels Torg för att hämta Håkan. De kör bort mot glaspelaren och svänger höger på gatan bakom Åhléns. De svänger runt där bakom och kommer ut på södra sidan av Vasagatan. Där säger Gunnar: "Ta fram det där som ligger där, under sätet". Robert håller det mellan sätena och frågar vart han ska lägga det. Gunnar fortsätter och säger ungefär att "Den *här* vet du, den har varit med sedan 1955 någonting, och hållit ordning på det här. Den kommer du ha nytta av en vacker dag. Lägg den på sätet." Så Robert lägger revolvern på passagerarsätet. Han lade märke till att revolvern var lite sliten, inte klockrent svart. Robert undrade vad Gunnar menade, och frågade därför när han skulle "ha nytta av" den? Gunnar svarar att när Robert blir äldre kanske han kommer att bli uppringd om liknande "jobb".

Klargörande noteringar avseende underkapitel 1-11

Samtliga beskrivningar och upplevelser som presenteras är helt och hållet grundade i Roberts minnesbilder efter alla år som passerat, samt hur Robert uppfattade att händelserna utspelade sig. Händelser som slutligen skulle kulminera i mordet på Olof Palme. Därvid kan tidslinjen och geografin tidvis upplevas som något förbryllande.

Det har därför beslutats, i samråd med Robert, att händelseutvecklingen kommer att anföras utan yttre påverkan på Robert. Klarhet och samstämmighet utgör mål att eftersträva, dock i det här fallet, kan värdet av ofiltrerade förstahands information anses överträffa nyttan med tolkade referenser av utsagorna ifråga.

Trots allt handlar det om material härstammande direkt från händelserna före, under och efter mordet, varvid anförande av råmaterial kan anses vara fullt berättigat…

1. Gunnar och Robert plockar upp Håkan E

Strax efteråt hoppar Håkan in i bilen, där revolvern ligger. Håkan slänger in grejer i baksätet bredvid Robert – en vitgrå mönstrad tygpåse, en plastpåse och en fin kamera av märket Canon.

Gunnar och Robert går ur bilen. Robert står kvar och väntar en stund, medan Gunnar går iväg. Efter en stund ser han att de har parkerat den gröna Volvon längre bort. Nu kommer Gunnar tillbaka. Påsarna lämnas kvar i bilen, och Robert, Gunnar och Håkan går iväg längs trottoaren. De ger ett sken av att de är tre grabbar som varit ute och festat. Efter ett tag delar de på sig, och Gunnar försvinner en stund. Robert och Håkan fortsätter och närmar sig mordplatsen söderifrån.

De går norrut, innan kulturhuset går Gunnar till höger. Robert och Håkan fortsätter, och de går över till andra sidan, vid kyrkan. Robert sitter vid muren och väntar medan Håkan går in i någon lägenhet. Håkan kommer tillbaka med Gunnar, Håkan försvinner.

2. Robert frågar Gunnar - vad gör vi här

De promenerar och Robert frågar Gunnar vad de gör där. Han får veta att de ska hjälpa Håkan att träna inför en filminspelning. "Vad ska vi göra då? ", undrar Robert. De går mot trapporna, Gunnar pekar uppåt trapporna och säger till Robert att "Du kan väl räkna stegen. Gå upp i lagom hastighet, eller halvspring."

Robert kommer uppför trapporna. Där uppe möter han ett par som promenerar. Därefter börjar han gå neråt, och på ena avsatsen möter han en man som blänger lite surt på honom. När Robert kommer ner ber Gunnar honom att göra på samma sätt med rulltrappan, att åka upp och sedan ner igen. Ytterligare fick han i uppgift att ta till vänster när han kom upp för trapporna, och sedan rätt hastigt vidare på Malmskillnadsgatan norrut för att möta upp Gunnar, där vägarna gick ihop. Först då förstod Robert att Gunnar klockade tiden när Robert gick de olika sträckorna.

Robert märkte snart att de hade tillträde till de gula barackerna. De hade tydligen även sett till att inte väktare kom dit på flera timmar, han skulle inte komma tillbaka förrän efter midnatt igen.

Bernt L stod plötsligt vid barackerna tillsammans med Håkan, och bad Robert följande: *"Kan du gå och köpa cigaretter där borta - röda Prince"*, pekade runt hörnan på en restaurang som låg nära. Det var en restaurang med vit och blå skylt minns Robert. Dörren var längst bort till höger. När man kom in var det en bardisk rakt fram och den fortsatte åt vänster. Det fanns bord på vänster sida mot fönstret. Baren fortsatte också in mot höger, och även där fanns det bord.

Bernt Lindholm går vid något tillfälle in i barackens övervåning där han ska ha fotograferat/filmat mordet med kamera.

Håkan frågar hur det är med övervakningskameran. "Det är väl bara att ta ner den!" Håkan använde stegen som fanns under byggnadsställningarna och skruvade ner kameran.
"Är gubbarna utplacerade?" (Rolf, Jonas…) "Ljuset styrs här inifrån."

Det fanns en kabel till ett kontorsrum/lägenhet i huset bredvid där man kunde komma åt att släcka gatubelysningen. Håkan hade tidigare jobbat på Dekorima, och hade ordnat så att de hade tillträde dit.

Barackerna kunde de komma in från södra sidan, och Robert minns hur det såg ut när man gick in. Rakt fram fanns det några hyllor, där bland annat Håkans båtradio stod, och till vänster hade någon klistrat igen fönstren. Han minns att Gunnar bekymrade sig över fingeravtryck. Uppe till höger vid en ventil fanns en kabel som Gunnar sa att han kunde rycka bort senare. Och så fanns det fikarum här. Stolarna var orangea, och det var varmt och skönt i baracken. Detta var på bottenvåningen. Robert var själv aldrig uppe på ovanvåningen.

– Gunnar och jag gick här på Tunnelgatan. Jag vet att han stod här en stund, och höll på med någonting med honom som var där innanför på Dekorima.
– Var det någon där innanför?
– Det var någon innanför, som han knackade till, tecknade till.
"Elcentralen sitter inne där", menade han.
"Och då kan vi släcka och tända hur vi vill".

3. Telefonsamtalet på Luntmakargatan

"Det fanns en mynttelefon här någonstans på Luntmakargatan som var monterad på en vägg. Manspersonen som framförde "Hippiebussen" var framme vid telefonkiosken och ringde. Gunnar försåg mannen med pengar att ringa för. Robert drar sig till minnes att mannen ifråga var från ett konsulat, "troligen härstammande från Venezuela." Robert minns följande:

"Där fanns en kort äldre utlänning iklädd en brun skinnjacka ståendes invid en väggmonterad telefon. Telefonen var kapslad ovanifrån och tillhörde Televerket."

Robert frågar då Håkan, "Vem var den där killen där?".
Rober tror att Gunnar i samma skede försåg mannen med pengar att ringa för. Mannen var från Venezuela och nämnde Olof Palme. Enligt mannen var frihetskampen i Venezuela omöjliggjord eftersom att regeringen där hade försetts med vapen med Palmes goda minne.

– Just det, så han gillade inte Palme?
– Det verkade inte så, nej.

"Vad skall jag göra?", frågade Robert Gunnar. "Du kan gå över där till mitten av den blåa byggnaden och sedan återvända".

Robert visar hur Gunnar pekade åt sydväst över Sveavägen från hörnet av tunnelbanenedgången på motsatt sida av före detta Dekorima. Så Robert gick över, och kom tillbaka för att ställa sig invid pelaren.

Då ser Robert en mörk kille med en walkie-talkie dyka upp bakom grinden till tunnelbanans ingång. Håkan som har nycklar öppnar därefter grinden.

Att notera. *Den mörka killen som dyker upp bärandes på en walkie-talkie stämmer överens med signalementet på den så kallade "Dekorimamannen", såsom de "finska flickorna" beskriver individen ifråga. Vidare uppger vittnet John Wiklund ett liknande signalement på personen han såg vid samma tillfälle. Det kan därmed antas att Wiklund och "flickorna" noterat samma person. Varvid Wiklunds observation stämmer väl överens med Roberts förefaller det som om kvinnorna spegelvänt sin observation planmässigt. Dock finns således två av varandra oberoende observationer av ett signalement som överensstämmer med Roberts uppgifter, och i fallet Wiklund även själva platsen.*

– Nästan samtidigt, tror jag, parkeras en taxi på andra sidan gatan. Pekandes över vägen. Och taxichauffören kommer bort hit. Håkan ger honom plastpåsar med några papper.

"Vart skall jag köra den här?", frågar han.
"Kör den till båthuset, till klubben".

Och så fick Håkan en påse mat. Killen i grinden fick något också.

I ett läge så kom Lars och Joel upprusande från tunnelbanan, och de hade ett litet möte där de satt nere i något mörkt ställe någonstans i närheten av barackerna, och fick skriva på något papper. Och så var vi inne i baracken och satt en stund, och Robert värmde sig lite.

4. Gunnar laddar vapnet

Gunnar, Håkan och Robert stod vid pelaren. Det här var kort innan de "finska flickorna" (kvinnorna som träffade en finsktalande person försedd med en walkie-talkie) kom förbi. Gunnar laddar vapnet.

– Sen vet jag, i ett läge, så säger Gunnar till Håkan. "Ställ dig här."
Och Gunnar står här, och jag står här. Visar hur de står tre personer i en
"ring" nära varandra, vid stolpen, med ryggarna utåt så att ingen ska se
vad de gör. Visar hur Gunnar tar upp vapnet. "Titta här, så här gör man".

– Med revolvern?

– Ja! Det var ingen som såg det, så att säga. Håkan står här med blå
jacka. Och "så här gör man. Stoppar in dem här, men vi stoppar inte in
alla, för då kan du se…"
Det var någon orsak, jag kommer inte ihåg det här nu. Man skulle inte
stoppa in alla patronerna för då kunde man se ... om det var turordning.
Och du kunde avfyra på två olika vis, antingen så bara "Boom-boom-
boom", i snabb följd eller så laddar du och så trycker du av. Det gick lika
bra båda sätten och snabbt skjuta dem.

– Vad var det för typ av vapen då?

Tidigare, i bilen, såg Robert som sagt en revolver som Gunnar hade, som
var från ca 1955. Pipen blänkte – kolven var brun och nött. Men det är
osäkert om det var den som användes vid mordet. Robert tyckte vid
laddningstillfället att det vapnet såg svartare ut.

– Det var en större 357:a, det kan jag säga dig.
– Det var så pass?
– Jaja, jaja.
– Kommer du ihåg hur ammunitionen såg ut, ungefär?
– Det var sådana här. Visar längden och bredden, ca 3 cm, och 1 cm,
mellan tummen och pekfingret.

Tjocka kulor han plockade upp lösa ur rockfickan.
– Och hur många anser du att han satte in i?
– Han satte inte in alla. Jag tror han sparade två stycken eller något. För
att hon fick sig ett varningsskott bara. Det var inte meningen att skjuta
henne, fru Palme. Hon fick sig ett varningsskott. Det räckte.

– De patronerna han plockade ur bankvalvet. Det var dem han använde. Håkan var inne på hans kontor.

– Efter att vi höll på med vapnet så gick Gunnar bort hit. Pekar mot Dekorima hörnan. Då säger Håkan till mig "Du kan springa bort och ställa dig där borta", pekar tvärs över Sveavägen västerut.

5. Håkan och Robert inväntar att telefonen ska ringa

"Spring bort dit där någonstans". Och jag genar lite så här. Jag vet inte var övergångsstället var då, för jag vet att jag sket i övergångsstället. Jag bara drog, snett över här. Och så blev jag stående och väntade där.

Beskriver att han står på andra sidan vägen lite längre bort på norra trottoaren av tvärgatan. Strax efter kommer Håkan.

I samma veva som vi är där borta, så kommer Lars springande. För mig tycktes det som att han kom från andra sidan gatan. Tittar åt trottoaren vid Skandiahusets västra sida. Och så var det en till kille som stod där, med fina skor. Och då förklarar han. "Det är på G" alltså allting.

"Ok, men då kommer jag gå runt andra vägen sen."

Håkan och Robert går upp i en lägenhet på västra sidan av Sveavägen mittemot Skandiahuset.

– Jag väntar i hallen, men jag gick fram till fönstret också. Håkan sitter i köket, det är på höger sida. Och så är det en öppning mellan köket och vardagsrummet. Och han sitter nedhukad där och väntar på att det ska ringa i telefonen, tittar ut, och då tittar jag också ut. Därifrån hade man bra utsikt ut över Sveavägen och Skandiahuset.

6. Thomas ringer och bekräftar att paret Palme är på väg

– "Ja, nä, nu drar vi", utbrister Håkan. Han och Robert springer ner och genom tunnelbanan kommer de upp på andra sidan, mittemot Dekorima.

Så kommer vi tillbaka hit. Jag blev så förvånad för att man kunde gå där under gatan och komma upp vid T-baneuppgången nära Dekorima hörnan. Jag tänkte inte så mycket. Kommer upp här.

Då står Gunnar där. Pekar in mot Tunnelgatan. Gunnar kommer fram till oss här, och säger det att "Det var några finskor här, men jag skrämde iväg dem."
"Men vad kommer att hända?" frågar Håkan,
"kan de inte ringa eller någonting?"
"Skit i dem, det finns ingenting där borta", svarar Gunnar.

Nu är paret Palme på väg. Så vi ställde oss, Håkan och jag, vi måste ha stått någonstans här, typ. Ställer sig till vänster om stolpen, sett från Dekorima hörnan, med ansiktet i riktning mot mordplatsen.

7. Rolf kommer med ett par, kvinna och man, de går till baracken

Rolf kom alltså fram till den blivande mordplatsen söderifrån i en bil, tillsammans med en lång kvinna och en kortare man. Bilen stannade vid pelaren mitt emot mordplatsen, och de tre gick direkt till baracken. I huvudsak höll de till i baracken som var på markplan. Man hade alltså tillträde till de gula barackerna, och man hade även sett till att ingen vakt kom dit på flera timmar. Robert fick senare veta att denna kvinna hette **Ann-Kristin Magnusson/Wallenberg**[4].

En yngre man[5] med ryggsäck, hörlurar och mockabrun jacka passerar först paret, tränger sig förbi närmast fasaden och gick vidare norrut på Sveavägens östra sida.

Håkan täckte mig, här. Håller handen framför kroppen. Jag skulle inte kolla, tyckte han.
– Men såg du Palme då?
– Japp!
– Hur långt ifrån skulle du säga att de var, när ni stod här?
– Jag skulle påstå att de var innan det bruna som sticker ut där, något sådant.
– Och var står Gunnar då någonstans?

27

– Här någonstans. Pekar vid Dekorima fönstersida, på Tunnelgatan. Han hade kontakt med honom innanför där, på något sätt.
– Kan det ha varit så att han knackade att "nu var de där borta"? Så det kanske var två grabbar?
– Ingen aning, men han var rädd för att han hade lämnat märken efter sig där på fönstret, på något sätt.

8. Håkan och Robert går upp till Luntmakargatan och tar vänster

Men Håkan och jag står här. Går tillbaka till stolpen mitt emot och han täcker mig. Och i ett moment så säger han "Kom nu!" Och jag börjar gå då, men han säger:

"Vi kan väl leka lite så här." Så höll han på så här att fjanta sig och gå i sicksack över gatan.
– Kan du visa ungefär hur det såg ut?

– Vi höll på att lattja så här. Robert visar hur Håkan skuttade fram över Tunnelgatan österut, i sicksack. Och sen fortsatte vi vidare här.
– Hur fort gick ni?
– Kanske lite så här, "häng med!" skuttade/halvsprang vidare. Jag var lite seg där. Så fortsätter vi här, med Håkan.

Här på Luntmakargatan går vi i normal takt. Promenerar långsamt.

9. När mordet sker och skotten avlossades

– Ok, vi promenerar här. Går norrut längs västra trottoaren på Luntmakargatan.
Här någonstans, hör vi revolverskotten: "PANG! PANG!"
Och Håkan hoppar upp, glad: "Fan, nu är det nyårsafton."
Det var alltså ett djävla fyrverkeri! Sen fortsätter vi och promenerar. Vi kommer längre bort här, kanske hit.
"Nä, men nu kommer vi för långt", säger Håkan. Så vi börjar gå tillbaka söderut.
Här någonstans möter vi Gunnar som kommer gående, i rask takt. De tre står tillsammans en kort stund medan Gunnar tar upp patroner och det

han har kvar i fickan. Och Håkan stoppar ner det i en plastpåse, vad jag minns.

– Vad var det för färg på den då?
– Också vit och röd. Och så tror jag att han fick en plastpåse av Håkan, och så visade Gunnar så här:

"Jag har redan byxorna under", böjer sig framåt och drar upp ena byxbenet lite. Det var vita byxor under. Och jag tror han hade jackan också under.

Det var därför han var så här tjock och plufsig. Och då hade han andra mörka skor på sig. Gunnar bytte sedan om till de ljusa kläderna, innanför porten på baksidan av Skandiahuset.

– Jag vet att jag går tillbaka med Håkan här.
– Gunnar, han fortsatte där, pekar norrut på Luntmakaregatan.

Vi går tillbaka här, med Håkan, rätt så hastigt. Och jag vet att jag tittade tillbaka där norrut. Och då försvinner Gunnar in genom dörren, in i Skandiahuset. Jag var så förvånad. Hur fan kan han veta om en dörr här? Det var någonting nytt för mig.

Ok, går vidare söderut. Vi kommer fram någonstans här. Då plötsligt, så blir jag stående här. Jag tycker att jag minns att jag stod vid mitten på baracken, vid långsidan av baracken, på norra sidan. Jag blev stående här som en djävla idiot.

– Håkan säger: "vänta här". Han rundar baracken, pekar motsols runt baracken. Springer bort dit bort någonstans, till trappan, pekar mot trapporna österut. Och då ser jag här, att där är ju för fan Rolf, den långa killen. Han hade troligen kommit förbi mordplatsen och sedan gått söder om baracken.

Sen kommer Håkan tillbaka till mig. "Jaja, men kom här, kom här!" Skyndar på Robert. "Kom här nu", säger han till mig för jag är ett djävla fån. Så jag blir stående här någonstans.

Så säger han till mig: "Titta vad som har hänt där, du kan väl springa bort och kolla!"

Pekar mot mordplatsen. Samtidigt så tittar jag bakåt, pekar mot trapporna. Då ser jag båda två, drar upp för trappan. Och, det stod någon djävla fjant också, där borta någonstans.

– Fjant?

– Ja, det stod någon kille, och glodde bara så här. Han hade också blå jacka.

– Stod han bakom eller innan baracken eller..?

– Jag vet bara att någonstans så såg jag i minnet att det var någon som stod och tittade på det hela. Jag vet att Håkan blängde på honom när han passerade honom.

– Ok, så du kan se att någon står där. Det bör ha varit **Lars Jeppsson**.

– Ja, men Håkan fortsätter, och nästan *samtidigt* skulle jag vilja påstå, så drar de upp för trapporna, både Håkan och Rolf.

– Båda **två**[6]?

– Japp! Rätt upp! Pekar med hela armen mot trapporna.

När Håkan passerar mig här, då, innan jag beger mig mot mordplatsen så möter jag en herre, som tittar på mig.

Den man som Robert mötte vid mordtillfället, halvspringande efter Gunnar, var varken Christer Pettersson, Stig Engström eller den mannen som Robert tidigare mötte med Gunnar bakom Skandiahuset. När Robert sprang mot mordplatsen tittade han på Robert, och Robert minns ansiktet på honom.

"Den som halvsprang efter Gunnar var lång, hade en svart keps, svarta kläder (fladdrande tunn överrock och byxor), svarta skor och var propert

30

klädd. Han bar inga glasögon. Det var inte någon av Skandiagubbarna. Definitivt inte Stig".

Robert såg honom[7] aldrig mer sen.

Och mannen möter jag här någonstans. Han kommer från det hållet, pekar mot Dekorima, och tittar på mig så här, lite surt nästan. Och då fortsätter jag ut där mot mordplatsen.

– Vart han tog vägen, den här mannen. Robert funderar och pekar tillbaka mot mannen som han just mött. Det vet jag inte, ärligt talat.

– Men enligt Jeppsson sprang mördaren, en person, upp. Någon sprang upp.
– Ja, Rolf och Håkan. Håkan fortsatte sin djävla joggingrunda där uppe på åsen pekar upp för trapporna österut, medan Rolf senare hämtade upp mig, pekar mot mordplatsen. Rolf kom ner för backen där jag hade klockat Gunnar. Kommer här, visar med armen hur han kom ner motsols runt Skandiahuset tillbaka till mordplatsen. Det var det tanten, Lisbeth, berättade att "det hade kommit någon förbi som inte brydde sig om att hjälpa till".

Jag sätter av här, rätt så fort, men först i början så var det isigare här. Men sen var det raka vägen här.
– Och vad händer då, när du kommer springande?
– Jag kommer hit, till mordplatsen.

10. Robert kommer fram till Olof Palme efter skjutningen

När han först kommer fram ser han inga bilar och inga människor förutom paret Palme. Lisbeth är upprörd, så han försöker lugna ner henne. Han minns att han lärt sig att man inte ska göra hjärt- och lungräddning om det kan komma hjälp innan 5-8 min. Han sitter ner vid Olof och känner på honom att det fortfarande finns puls kvar. Då dyker **Stig Engström** upp och hjälper honom att lägga Olof i framstupa sidoläge ut mot hörnet, bort från Dekorima, så att huvudet är lägre för det hade han lärt sig på kollo på Blidö. Stig[8] lämnar sedan Robert och

31

springer in på Tunnelgatan österut. Troligen ville Stig prata lite med gärningsmannen, som han ju kände så väl.

Medan han sitter där kommer det 2 tjejer söderifrån. Samtidigt ser han att det står några herrar bakom honom, vid Dekorima hörnan. Den ena tjejen, **Anna Hage**, vänder då Olof på rygg och frågar Robert: "Kan du det här?", syftandes på HLR.

"Jaja" svarar han och börjar leta efter nedersta revbenen på Olof. Han gör sedan kompressioner. Men vid något tillfälle säger han också att "ni ska inte göra det här", för det hade han lärt sig. Han lägger märke till att det står några personer bakom honom.

Att notera. *Anna Hage nämner faktiskt det här utbytet i ett förhör hållet den 2 april 1986. Enligt henne så utbrast någon: "Varför gör ni så här, jag vet att han skall ligga i framstupa sidoläge". Vidare påtalar Hage att någon började "rycka i offrets ben". Hage snäste då av den individen. Robert interagerade med Hage utan tvekan, men han var inte den som försökte omplacera den skadade Olof Palme. Det är därmed fastslaget att Robert var först på plats och sedan kom Anna Hage, dock förblir identiteten på person som försökte ingripa okänd. Inget vittne har hävdats sig vara personen som "ryckte eller drog i Palmes ben".*

En annan person säger: "Han kan inte det här, väck med honom!" "Försvinn härifrån!"

Istället fortsätter Anna Hage med kompressioner och Robert får göra mun-mot-mun-metoden och blåsa in luft. Han blir alldeles blodig och kladdig runt munnen.

Vid ett tillfälle lägger han märke till att ett par står inne på Tunnelgatan i riktning mot barackerna och tittar på. Kvinnan är längre än mannen, kvinnan och mannen som hade kommit här tidigare. Möjligtvis var mannen chaufför och samma par som kommit med Rolf. Robert ser dem endast i ögonvrån där borta vid baracken.

11. Robert avlägsnar sig från mordplatsen

Efter detta blev Robert bortschasad, så han gick och ställde sig vid pelaren. Rolf Kullberg kom från norr, på Sveavägen, efter att ha rundat kvarteret. Han var lång och smal och vid tillfället för mordet hade han en *"lång, sladdrig rock, gulaktigt beige i cowboys stil"*. Han bör ha varit den "långa beige" mannen som Lisbeth har beskrivit inte ville hjälpa henne. Då kom Rolf fram till Robert och hämtade honom: "Kom här nu", sa han, och de fortsatte gå söderut längs Sveavägens östra sida.

Snart möter de Gunnar som kommer ut från vänster någonstans, och Robert vet inte varifrån. Gunnar har på sig vita kläder och ger ett sken av att han har varit och tagit en öl. Gunnar tittar vid något tillfälle på klockan och säger att "Vi har väl gott och väl 7 eller 9 minuter på oss nu." Strax efteråt går Gunnar in i en port på vänster sida, i huset efter tvärgatan. Innanför porten hänger brevlådor längs högra väggen. Gunnar går uppför trapporna, och sedan kommer han tillbaka och säger "Han var inte hemma." Robert vet inte vad de gör där, men han ser att Gunnar slänger något i en av brevlådorna.

Gunnar, Rolf och Robert fortsätter att gå, och någon av dem upprepar namnet "Magnusson" flera gånger, hör Robert. De går vidare och Gunnar och Rolf diskuterar vilken sida av Sveavägen de ska gå på när de korsar tvärgatan. Robert uppfattar att det har att göra med hur väl de kunde tänkas synas när polisen skulle komma körandes mot mordplatsen. De går längre fram och Gunnar säger då att polisen tog andra vägen.

De korsar vägen på vänster sida och fortsätter in på vägen till vänster, bort mot bron. Det finns nästan ingen trafik där då. På väg dit säger Rolf eller Gunnar att "Håkan skulle redan varit här, varför är han inte här?" De fortsätter mot bron. Gunnars Volvo står parkerad på högra sidan av vägen, och det står flera andra bilar där.

Sedan kommer paret som Robert sett tidigare, den långa kvinnan och den kortare mannen, gående på andra sidan vägen. De verkar ha varit och tagit sig en öl eller ett glas champagne. De hade en parkerad pickup vid vägen.

Robert och de andra väntar på att paret ska komma iväg. När Håkan till sist anländer beklagar han sig att han fått springa så mycket "där uppe". Gunnar och Rolf åker iväg med bilen. Håkan och Robert går tillbaka mot Sveavägen.

Gunnar hade sagt att om polisen kommer så ser de Robert och Håkan eftersom bilen lyser upp vägen, därför går de över till norra sidan och fortsätter ut mot Sveavägen. Sedan korsar de vägen och fortsätter bort längs Kungsgatans norra sida. Håkan och Robert korsar vägen igen och kommer in på Hötorget. I bortre högra hörnet av torget, södra hörnet, står en Hippiebuss synlig, och helt ensam. Robert får vid något tillfälle komma in i bussen och torka av blodet från munnen.

Samtidigt svänger en bil in från Olofsgatan mittemot torget, de hade tagit en sväng bort och rundat kyrkogården. I bilen sitter Lars M och en man med lågklackade skor som tydligen ska betala, kommer Robert att få veta senare.

De går ner till hörnet där bussen står och fortsätter att promenera västerut på Gamla Brogatan. Vid något tillfälle säger Robert till de andra att *"Ni skulle ju inte döda honom!"*

Att notera. *Det finns vittnesuppgifter i materialet som bekräftar att någon faktiskt yttrat dessa ord, tid och plats stämmer också väl överens med Roberts uppgifter.*

Från Gamla Brogatan går de åt höger in på Drottninggatan. Där står en bil parkerad längst bort nere på Klarabergsgatan längs vänster sida, men riktad bortåt norrut mot Kungsgatan. Det är en röd italiensk sportbil med krom-detaljer på baksidan. Bilen hade mörkgula skinnsäten. Killen som har bilen tar tid på sig och öppnar motorhuven för att visa något, han öppnar även bagageluckan och där ligger några kromlister som "ska fixas till". Killen hette troligen Jörgen. Det var han som betalade en del utav pengarna. Robert tror att de fick med sig en portfölj, som Lars M tog hand om.

Efteråt går de tillbaka norrut längs Drottninggatan, och längre ner och till vänster, där man kan köra in bakom Åhléns, står Gunnars gröna Volvo 242 i en gränd. Robert kommer fram till Volvon och får byta till en skinnjacka. Grabbarna frågar Gunnar var de ska lägga portföljen och han säger: "Bara släng in den i bakluckan."

De kör iväg. Tar åt höger och åker vidare på några vägar tills de kommer ut så att de har Sveavägen på höger sida, och ser mordplatsen därifrån. Från korsningen Olofsgatan/Tunnelgata tittar de åt höger och undrar om man kan se någonting. "Har de kommit? Jodå, det verkar vara lite liv i luckan där borta."

De svänger vänster och kör bort till Tegnergatan där de hämtar upp Thomas H. Thomas berättar att han blev tvungen att gå ut i gatan och för att kunna stoppa **Leif Ljungqvist** när han kom med bilen. De visste att han skulle komma, men Thomas fick till uppgift av Gunnar eller Håkan att sakta ner honom lite. Han skulle komma fram för tidigt till mordplatsen annars. Sedan kör de till Centralstationen.

Mordvapnet kastas i sjön vid Söder Mälarstrand

På natten efter mordet åkte gruppen i den gröna Volvo 242:an till Söder Mälarstrand. I bilen var Lars M, Rolf K, Håkan E, Thomas H och Jonas N, de hade hämtat Thomas på Tegnergatan. Robert förstår att Lars sitter i bilen med plastpåsen med vapnet som han troligtvis tagit emot från Rolf.

Det var Robert som kastade i mordvapnet, som låg i en vit plastpåse. Kanske den hamnade ca 10–15 meter ut i vattnet, tror Robert. På den tiden var det gräs och stenar som fanns där. I dag är det omgjort till kaj samt cykelväg och nedanför cykelvägen med en liten slänt med träd, ned mot vattnet. Den finns alltså en plats i dag som vi lokaliserat som den platsen där de stannade och kastade i mordvapnet då på natten efter mordet. På andra sidan fjärden såg de ljus ifrån husen. Där och då stod Lars M och diskutera vad som fanns på andra sidan vattnet.

Vidare, precis efter att vapnet har kastats i vattnet, kör de ca 50 meter längre bort och vänder vid en militär fastighet, som finns kvar än idag men som troligen inte är militär idag, vilket var samma ställe där Gunnar tidigare varit och anmält sin närvaro och sa då till Robert *"Det är här man anmäler sig innan man gör något!"*.

Vid Roberts första förhör 1986 så ska han även berättat var vapnet var någonstans, kastat vid Söder Mälarstrand. Polisen visade då Robert en bild på stranden, som de hämtade ur ett kartotek. Bilderna hade, rutmönster på sig, och visade på en karta, där han fick peka ut var det var någonstans vapnet var.

Där står den ljusa "Hippie-bussen", med "rosa blommor" eller liknande och väntar på dem där. Det är mycket oklart vilken roll "Hippie-bussen" spelade, vem som ägde och körde bussen. Det var en äldre påbyggd buss, troligen av märke VW, som på något sätt kom att ingå i komplotten. Det var en målad buss med typ vita/rosa blommor, den hade en slät svart soffa i framsätet, det fanns läskbackar som stod baktill. Den dyker upp flera gånger i Roberts berättelse.

Robert hoppar ut från den oceangröna Volvo 242 och går istället in i "Hippiebussen." Sedan körde de iväg i den bussen. Robert minns att de körde snabbt med bussen där det var en längre raksträcka bort mot Slussen och vidare förbi Viking Line terminalen, sedan vidare höger in mot Folkungagatan och till sist Medborgarplatsen.

Där släppte de av Robert på södra sidan av vägen som går innan Skanstull. Bussen gjorde sen en U-sväng där och sedan åkte de iväg. Sedan började Robert gå. Han gick längs vägen på Skanstull östra sida, ibland sprang han en bit när han var på trottoaren. Kommer till slut bort innan Skanstullsbron och innan stora korsningen. Där står Robert vid trappan vid Skanstull. Han har en vit & röd plastpåse i handen, förmodligen med de blodiga trasorna som han hade fått av Rolf att torka av sig blodet på efter att ha gjort mun mot mun på Olof Palme. Då slängde han påsen i en soptunna som låg till vänster om trappan. Han minns att han kollade hur mycket klockan var då. Då var den strax efter kl. 00.

I polisförhör sa han att han hade lagt sig i buskarna och typ sovit, men det var inte sant. Han gick istället till T-banans nordvästra sida, förmodligen Skanstull station. Utöver detta berättar Robert att han minns att det nämndes att *"det skulle ringas in att det var verkställt."* Dvs att mordet hade blivit utfört. Var och vem det skulle ringas till framgår inte, inte heller när detta skulle ha sagts.

Ca 00:30–01:00 tog Robert tunnelbanan mot Norsborg. Robert hade då fått SL-biljettremsor av Gunnar innan. Han tror att han förmodligen steg av i Alby, troligen gick han inte av vid stationen Hallunda. I Alby minns han att han var iklädd den mycket dyra skinnjackan som han hade fått i present av Gunnar. Hur som helst så tog han på sig den redan när de hade mött Håkan, som hade *"tagit sin joggingtur"*. Ett skämt om att han var borta länge efter mordet innan de återsamlades efter mordet vid bron varvid de sa att han har väl tagit sig en joggingtur.

Robert gick ifrån Alby station till vägen som går upp till parkeringen innan Gunnars hus. Syftet med att åka till Gunnar var att Robert inte hade någonstans att sova. Han vandrade framåt och tillbaka på gatan. Det var nämligen för tidigt att väcka Gunnar.

Robert minns att på vänster sida, klockan var runt 04, så mötte han en tant med en hund. Han stannade och pratade med henne. Minns ej vad de pratade om. Sen ringde han på Gunnars ytterdörr, fast de hade kommit överens om att han inte skulle sova där då. Men han släppte in honom trots allt.

De gick in i köket, slog på radion. Efter kl. halv 5 på morgonen så sa de på radion att "Sveriges statsminister Olof Palme var mördad". Gunnar och Robert sa inget till varandra då, utan nickade i stället i samförstånd. Robert hade redan uppfattat när de passerade vid Hötorget att Olof Palme var mördad av Gunnar, vilket gjorde honom äcklad, konfunderad och typ arg, gillade inte att de delade på pengar i bilen. Hemma hos Gunnar så gick Robert och lade sig för att sova. Innan så sa Gunnar där på natten att de inte kommer att åka in till stan så väldigt tidigt för att det är sånt liv där då. Robert minns att han gick upp tidigt redan vid 08:30–09 och kollade på videofilm, som han ofta brukade göra hos Gunnar.

Kläder vid mordtillfället

Gunnars hade vid mordtillfället en svart rock med träknappar, avlånga pinnar. Robert minns just detta för att han själv fick sy i en av pinnknapparna som gått av en gång. Robert vill minnas att den rocken lämnades in på kemtvätt efter mordet. Längden på den rocken var "till ovanför knäna". Gunnars ljusa jacka som han bytte till direkt efter mordet hade han lindat runt sig. Han hade dessutom tunna vita byxorna som han hade han under. Håkan frågade "hur då?", varvid Gunnar visade och drog upp sina mörka byxor och visade för Håkan, de vita tunna byxorna hade han under de andra mörka byxorna.

Håkan hade lite skäggstubb 4–5 dagars. Målade sina ögonbryn mörka. Men vid mordtillfället hade han en blå jacka sydda med rutor ljust sliten blå/grå som hade fickor på sidorna, vilket var Gunnars gamla jacka från landet. Robert tror att Håkan bar Jeans.

Robert själv hade en typ av "träningsjacka, telefonkatalogs-blå". Jackan hade fickor. Det var en så kallad "dra på jacka". Och byxorna var jeans. Jackan var av typ "Adidas tyg" inte en vinterjacka.
"Min träningsoverall-jacka var egentligen en sommarjacka. Gunnar försökte tvätta den då det var blod från Olof Palme på den, men det gick inte bort utan den fick slängas" säger Robert.

Dagen efter mordet

Håkan kör bilen och de går av vid korsningen Mäster Samuelsgatan/Slöjdgatan. Han ställer bilen i närheten. Robert ser Hippiebussen som står parkerad på Mäster Samuelsgatan, vid Åhléns. Samma dag kom de till mordplatsen och droppade 3 lätt skadade blykulor där som var smalare än de som de sköt med.

Att beakta. *Fram till januari 1987 upphittades flera typer av ammunition i mordplatsens omedelbara närhet. Det här medförde att ledande tekniker i utredningen, Wincent Lange, intog ett ytterst skeptiskt förhållningssätt gentemot de "officiella kulorna". Vid upprepade tillfällen torgförde han möjligheten att kulorna kunde vara droppade/utplacerade för att förvilla.*

Rolf skröt i bilen och sa: "De betalade 360 000." Men han fattade inte att de andra hade snackat ihop sig med Skandiamännen. Det fanns mer pengar i bilden som Rolf inte visste om, han hade fått sin uppgift som ett "eget" jobb, i och med att de inte visste om de kunde lita på honom.

På kvällen hemma hos Gunnar fördes en diskussion om Roberts roll på mordplatsen:
"Vi får plocka bort Robert ur utredningen. Detta går inte, vi måste göra något. Vi får ringa Gösta".
Troligen avses här Gösta Welander, dåvarande biträdande länspolismästare.

När Håkan skickade ner Robert till mordplatsen så var nog avsikten bara att få en tidig rapport om mordförsöket hade lyckats men Robert hade ju engagerat sig i försök till återupplivning. Detta skapade en hel del bekymmer för Gunnars liga.

Hantering av LAC-banden

Vid något tillfälle efter mordet, förmodligen redan på lördag eller kanske senast söndag så anlände en bandmaskin, redigeringsutrustning av magnetband, till Gunnars kontor. Därefter så skulle enligt Robert, Håkan E som hade god vana med att klippa film etc. ha lyssnat igenom LAC-banden och därefter gjort nödvändiga klippningar och maskeringar (störningar) på det aktuella bandet. Han sa bland annat att han hade råkat klippa en klippning i bandet snett. Han bad de andra inklusive Robert att vara tysta så han kunde höra bra och jobba ostört med detta.

På måndag morgon efter mordet runt kl. 09, efter att folk gått till jobben, så flyttades proffsutrustningen vad gäller klippmaskin 80 X 80 och bandmaskinen, de var silverfärgade. Gunnar ville inte hyra en släpvagn men hans goda vän **Håkan B** kunde hjälpa till att få fram en privat släpvagn. Med bil och släp så täckte man över utrusningen med någon form av presenningar på släpvagnen. Vid diskussion med Håkan B nu hösten 2023 har Håkan bekräftat att han förmedlade en släpvagn åt Gunnar. Håkan, som erfaren radioamatör, var även en kunnig rådgivare när det gällde avlyssning och radiokommunikation via walkie-talkie. Håkan ansåg för övrigt att han inte hade varit särskilt inblandad i Gunnars projekt. Polisen G, eventuellt med namnet Göran, skulle ha tillbaka LAC-banden senast på måndag förmiddag direkt efter mordet.

Resan till Idre

Gunnar och Robert hade vid flera tillfällen åkt skidor tidigare, bl.a. i Sälen. Skidor och pjäxor köptes till de tidigare resorna i Täby Centrum.

Några dagar efter mordet åkte Robert, Gunnar och några andra i den gröna Volvon, upp till Stig Engström i Idre för att åka skidor tillsammans. Robert visste dock inte i förväg att Stig skulle vara där, men han fick sedan komma in i dennes stuga. Han minns att det var ombonat, och att Stigs fru också var där. Robert minns också särskilt hur det såg ut på toaletten, Gunnar visade nämligen att det fanns en lucka där man kunde gömma grejer. Det finns ett minne av att man lade en nyckel ovanför soporna.

Vad Robert minns hade Gunnar och Robert en egen stuga, cirka 700 meter från Stigs. Stig kom till Gunnars kontor innan han åkte till Idre. Onsdag eller torsdag åkte de till Idre.

Gunnar och Stig pratades vid, men Robert fick då gå ut och har inte snappat upp något om vad som då sades. Robert menar att gänget åkte skidor och Robert träffade Stig en gång vid ett tillfälle i backen. För övrigt så åkte Robert mest själv.

Robert har sagt följande: *"Vi visste inte om vi kunde åka upp till Idre på onsdagen eller torsdagen efter mordet, beroende på hur mycket som var tvunget att fixas till. Bland annat ville man veta vad som stod i tidningarna dagarna efter mordet."*

På vägen hem från Idre ringde Gunnar till Joel Ö och var bekymrad över vilken väg de skulle ta tillbaka till Stockholm, förmodligen särskilt med tanke på att han inte ville bli kontrollerad av polisen.

Resan till Lanzarote

Robert vet inte exakt när de åkte till
Lanzarote, en av Kanarieöarna, men det var
vinter i Sverige så det kan inte vara så långt
efter mordet. Det finns bilder därifrån och
mycket att berätta.

Robert och Gunnar flög från Arlanda till
Lanzarote och stannade där i cirka två veckor.
De bodde i södra delen, närmare bestämt i
Puerto del Carmen. I närheten fanns då en
gammal, övergiven stadsdel i närheten där
Gunnar och Robert och eventuellt fler
personer skulle träffa en för Robert okänd
person. Gunnar letade alltså efter någon som
bodde där och som han behövde komma i
kontakt med. Det verkade som om det var ett
uppgjort möte, men syftet med mötet är okänt
för Robert.

Den andra dagen så kom Jonas N tillsammans med sin tjej. De bodde på
ett lyxhotell. De träffades då Jonas. Tredje dagen besökte de en
segelbåtshamn på den norra sidan av ön. Tillsammans åkte de ut med en
jolle från en strand. För övrigt så flög Jonas med sin tjej till Mallorca.
Därifrån seglade de med sin egen segelbåt från Mallorca till Lanzarote.
Jonas syster eller bror var också med på resan till Lanzarote. Jonas och
hans fru seglar från Lanzarote till USA över Atlanten direkt efter besöket
där, enligt Robert.

Robert har vid senare tillfällen besökt Kanarieöarna, två gånger tror han,
utöver den här resan 1986, men då tillsammans med sin familj. Robert
har medgett att han kan ha blandat ihop några detaljer med senare resor
dit.

Besöket på Stig Engströms kontor

En tid efter mordet så minns Robert att Gunnar släppte av Robert hos Stig Engström vid hans kontor i Skandiahuset. Robert frågade då: *"Vad ska jag hit och göra?"*. *"Du kan väl gå upp till Stig. Medan jag gör annat"*.

Robert minns hans kontor i detalj. Man kunde gå igenom kontoret. Man kom in till höger vid fönster svängde vänster mot fastigheten mot öster. En dörr till, sen toalett, "sofistikerat möblerat rum". Det fanns ett mörkerrum för framkallning av fotografier. Där stod Robert i mörkerrummet med Stig. Robert tyckte att det var lite knäppt och fick en olustig känsla och undrade om han skulle göra något med Robert, men inget hände.

Robert har en klar minnesbild av kontoret ända ner på detaljnivå. Det var möjligt att passera rakt igenom. Vid ingången till höger fanns ett fönster i riktning vänsterut mot fastigheten österut. Ännu en dörr, sedan en toalett och ett "sofistikerat inrett rum". Vidare fanns ett mörkrum avsett för framkallning av fotografier. Tillsammans med stig befann sig Robert i mörkrummet. En känsla av obehag svepte över Robert och han funderade om Stig hade för avsikt att göra något med honom. Dock så visade det sig sedermera att ingenting inträffade.

Gunnar Ställfors har möte med polisen på mordplatsen

En tid efter mordet på Palme kör Gunnar Ställfors och Robert in till stan sent på kvällen där de skulle ha ett möte med polisen. Robert tror att det var natt, kanske runt 23-tiden. Robert är osäker när på tiden, det kanske till och med var veckor eller månader efter Idre, men tror ändå att detta korta möte var väldigt snart efter mordet.

Robert säger att han uppfattar mötet som någon form av "*slutrapportering av mordet*". De kom med bilen kanske från norrsidan. Gunnar funderade på var han skulle parkera sin gröna Volvo för att inte dra onödig uppmärksamhet till sig – "*kanske för att han var rädd att någon skulle ta foton på detta möte*", säger Robert.

Först säger Robert att han tror att de parkerade "*20 meter bakom en Volvo 242, svartvit polisbil. Vi ställde oss med bilen mer åt söder innan pelaren*". Några dagar senare rättar han sig och säger att de nog parkerade på andra sidan vägen och gick över till mordplatsen. Robert är dock osäker var de faktiskt parkerade.

Väl på plats blir Robert hänvisad att ställa sig bakom polisbilen, vid bakluckan, efter det att Gunnar sa, "*Vänta här så länge!*".

Gunnar går sedan bort mot den gråa runda pelaren som finns precis vid T-banenedgången där han möter upp med en uniformerad polisman, "*Det var en äldre polisman, kanske i 50 år åldern. Han bar en klassiskt svart skinnjacka som polisen hade på den tiden*". Kanske var det eventuellt en till kille vid platsen. Robert säger vid ett senare samtal att han tror att det nog var flera poliser på plats och att han minns blomhögen.

Att notera. *Att Robert minns att blomhavet var kvar understödjer hans minnesbild av att mötet med polisen inträffade kort efter mordet. Blomhavet avlägsnades någon gång under mars månad.*

Efter det att Gunnar och polisen pratat en kort stund så minns Robert att polismannen därefter går fram till Robert som står bakom polisbilen. Där blir han uppmanad att visa legitimation, vilket han gör. Robert tror att han legitimerade sig med ett personligt tunnelbanekort som han hade. Därefter säger polismannen, *"Nu kan ni dra!"* vilket Gunnar och Robert också gjorde.

Robert har senare uppgett att han kanske till och med var framme vid pelaren och talade med polismannen och förklarade vad han varit med om i samband med mordet "*Meningen var att vi slutrapporterade mordet.*"

Det fanns kanske 4–5 personer i närheten vid mordplatsen. Polisbilen stod på trottoaren.

Robert märker att Gunnar blir mer reserverad mot honom under 1986 men det är svårt i efterhand att säga när denna attityd förändring kommer[9].

Gunnar Ställfors träffar Mårten Palme

Robert säger att "Mårten Palme och Gunnar Ställfors, som sköt hans pappa, träffades på ett kafé i Stockholm inte många dagar efter mordet. De körde i riktning mot Gärdet och sen till ett område som hette "Fältöversten". Det låg på norr i Stockholm. Mötet ägde rum efter mordet. Gunnar hade innan sagt att: "*Jag måste snacka med honom.*"

Det var Håkan E som arrangerade mötet dem emellan genom någon kontakt han hade. Robert var först på kontoret när han hörde att detta skulle arrangeras.

"*Kan vi inte träffa Mårten Palme vid bokhandeln?*" frågade han. Robert åkte med Gunnar i hans bil. De parkerade på höger sida om vägen. Robert fick sitta kvar i bilen hela tiden och såg aldrig Mårten Palme in persona. Mötet mellan Gunnar och Mårten varade ca 20–30 minuter, uppskattar Robert[10].

Slutord att begrunda

Robert har alltså vid flera tillfällen lämnat information om Palmemordet till polisen och senast i april 2018. Man har mer rätt att få ut sina egna förhör och tips från Palmeutredningen så Robert har begärt ut dessa men resultatet för 2018 blev magert. Så Robert skickade följande fråga till **Sven-Åke Blombergsson**, Palmeutredare på polisen.

From: robert barestrand <******@*****>
Sent: den 22 april 2024 15:05
To: Sven-Åke Blombergsson
<sven-ake.blombergsson@polisen.se> Subject: Saknade förhör…

Det här är ett meddelande från en extern avsändare. Öppna ej länkar eller bifogade filer om det råder osäkert kring ursprunget.

Tips gällande mordet på Olof Palme

Hej Sven-Åke Blombergsson,

Jag heter Robert Barestrand, 691112-9***, och jag besökte dig i april 2018 i polishuset på Kungsholmen och lämnade då tips om Palmemordet. I vintras pratades vi vid på telefon och då kom du ihåg att jag hade varit på besök och kommit i mina arbetskläder. Min minnesbild är att jag i april 2018 efter mötet fick skriva under ett förhör. Nu har jag begärt ut alla mina tips och förhör angående mordet på Olof Palme och trots att det har gjorts en utökad sökning så finns inte mitt förhör hos dig med i resultatet. Jag förstår inte detta, har du glömt att registrera förhöret eller har det hamnat på någon annan identitet.?? Vilken förklaring har du.

Med vänliga hälsningar,
Robert Barestrand

Efterföljande svar erhölls:

From: sven-ake.blombergsson@polisen.se <sven-ake.blombergsson@polisen.se>
Date: mån 22 apr. 2024 15:29
Subject: SV: Missing Interrogations....

To: robert barestrand <******@*****>

Hej Robert,

Jag har precis svarat på ett sms till din vän O***

Jag minns att du var på besök i april 2018 och det var den 5:e kl. 13.00 vilket jag skrev ned i min almanacka som jag har kvar idag. På smset till O***r nyss så skrev jag den 18:e, vilket är fel.

Jag kan tyvärr inte ge någon bra förklaring till detta vilket jag även uppgav i telefon tidigare. Det jag vet är att du INTE har skrivit under något förhör för så är inte rutinen. Hade det varit ett förhör hade varit registrerat. Det troliga är att du lämnat ett tips, vilket jag även skrev ned i min almanacka när vi bokade in tiden 2018.

Jag minns idag inte exakt vad tipset gick ut på men den informationen som har kommit fram i nutid från dig ang. en form av förväxling är nytt för både mig och Peter Steude.

Det troliga är att du lämnade ett anonymt tips utan namn och personnummer innehållande information som inte stämmer överens med vad som kommit fram i nutid. Det kan uteslutas att det har hamnat "på någon annan identitet" som du skrev.

Vänligen,

Sven-Åke Blombergsson

48

Vad kan sägas om detta? En av utredarna har alltså träffat en uppgiftslämnare i ett planlagt möte. Vidare är uppgiftslämnarens namn bekant. Och så framkommer det att de lämnade uppgifterna, även innefattande faktiska namn, inte finns noterade på, i det här fallet, Robert Barestrand eller ens anonymt. En begäran har lagts för att få ut allt material avseende datumet den 5:e april år 2018. Enligt erhållet svar återfinns inga tips registrerade på nämnda datum.

Om polisen förbiser att registrera information som tillhandahålls, som i det här fallet, uppkommer risken att det förbisedda materialet förorsakar att utredningen leds in i en felaktig inriktning. Fram till nu är det enbart Robert Barestrand som anfört uppgifter som leder till en verklig komplott, innefattande namngivna individer, samt hur de planlagde, förberedde och slutligen genomförde mordet på Olof Palme.

Bilagor – Palmeutredningens vittnesmål

Det som följer är utdrag från faktiska transkriptioner av ursprungliga förhör genomförda av polisen. Förhör i original finns tillgängliga på följande internethemsidor:

www.itdemokrati.nu

www.wpu.nu

palmemordsarkivet.se

Därför kommer granskningen innehålla förhör med de som kan anses vara mest väsentliga i förhållande till Roberts uppgifter, även om, som redan påvisats, Robert kan också anses återfinnas i mer perifera förhör. Anna Hage utgör möjligen bästa källan till den här strävan och kommer följaktligen att presenteras först.

I enlighet med Hages andra förhör där termen "yngling" först dyker upp:

"Vidare fanns där en yngling som uppehöll sig vid mannens huvud."

Många vet att Stefan Glantz försökte rädda Olof Palme med mun-mot-mun metoden och därför har de trott att Stefan G var "ynglingen". I så fall betyder detta att Stefan skulle ha varit först på mordplatsen, till och med före Anna H, vilket förefaller vara helt orimligt utifrån uppgifter i förhör med Lena Bäsén, Göran Israelsson och Glantz egna uppgifter.

Lena Bäsén kom med samma taxi som Stefan, hon berättar att hon tillsammans med fyra kamrater hade ätit middag på Lilla Köpenhamn och att de sedan hade försökt komma in på Kåren men en grabb nekades tillträde och skulle åka hem. Lena tillsammans med de övriga Stefan G, Göran I och Kennet E tog då taxi till Albatross. Lena satt fram och grabbarna satt i baksätet. Hon såg inget särskilt förrän de kom till Tunnelgatan. **Hon fick då plötsligt se en man som låg på trottoaren.**

Hennes omedelbara tanke var att det var den kompis som de hade tappat tidigare på kvällen. Hon utbrast detta så att chauffören hörde det.

"Så fort taxibilen stannat så hoppade Bäsen ur bilen och sprang fram till den liggande mannen. Samtidigt så kom ytterligare en kvinna som hon senare fick veta heter Anne, samt <u>en man i grå jacka</u> fram."

Lena Bäsen var alltså **först till mordplatsen av alla** i taxin, grabbarna i baksätet hade ingen orsak att rusa ut som Lena B hade, de hade inte uppfattat någonting av händelsen vid Tunnelgatan.

Uppenbarligen känner inte Lena Bäsen **"mannen i grå jacka"**, hon känner ju väl igen Stefan G, som kom med samma taxi. Vi tror att **"mannen i grå jacka"** är en hittills oidentifierad man som var först framme hos Lisbeth Palme och hjälpte henne att vända lite på Olof och ev. försökt med upplivning och blivit blodig kring munnen.

*"Bäsen tillfrågades om hon hade hört någon nämna vart gärningsmannen tagit vägen. **Bäsen vill då minnas att mannen med den grå jackan hade nämnt något om att <u>"han hade tagit den vägen"</u>.** Därvid visat in mot gränden, alltså Tunnelgatan öster ut. Mannen i den grå jackan hade varit i ungefär Bäsens egen ålder. Mannen var ljushårig."*

Stefan G har enligt egen uppgift inte sett någon flyende person, gärningsmannen.

*"Stefan G säger vidare att han under färden dit eller i samband med stoppet icke såg någonting som kan gagna **utredningen**."*

Dessutom säger Stefan att när han kom fram **"till den <u>på rygg liggande mannen</u>"**, det vill säga, någon hade redan vänt på Olof Palme när Stefan slutligen anländer.

Den 2 mars intervjuades Anna Hage av Länstidningen i Södertälje och då fanns fortfarande ynglingen med i hennes berättelse:

51

"En kvinna och en ung man hukade sig över honom och jag förstod att det hänt någonting alldeles nyligen."

Att notera. *I och med att det rör sig om en intervju genomförd av en journalist kan det anses att det Anna Hage anför är hennes opåverkade minnesbilder av händelserna. Det med tanke på att stress- och nervositets faktorer torde vara betydlig lägre än vid ett regelrätt polisförhör.*

I Anna Hages 3:e förhör den 2 april 1986, alltså ca 1 månad senare, hade "ynglingen" försvunnit från hennes beskrivning. Inför tingsrätten hävdar Anna H att hon var först framme vid mordplatsen, att Stefan G kom fram senare, vilket är korrekt men ingen frågar henne varför ynglingen trollades bort, han fanns bara i de 2 första förhören.

Den 1988-04-25 är Anna Hage hos polisen och får läsa alla sina förhör och efter genomläsningen vill hon inte ändra eller komplettera något.

Anna Hage fick en varning av uppklädd militär, som skrämde upp henne på Stora Konditoriet i augusti 1988:

*"Det är väldigt viktigt att det inte blir fokus på fel saker. **Vissa saker ska inte komma ut**."*

Annas bok "30 år av tystnad" sida 93.

Att beakta: *Uppgifter om vem den här individen var har klarlagts via dokument som offentliggjorts efter nedläggningen av förundersökningen år 2020. Individen i fråga förekommer i utredningen under pseudonymen "Privatspanare Mats". Denne hade enligt egen utsago kontakt med Ulf Lingärde och har själv uppgett att det var han som sammanstrålade på konditoriet med Hage. Även om personens bevekelsegrunder för att uppvakta Hage är oklara, bör det omnämnas med tanke på Hages egna uppgifter i sin bok. Enligt "Mats" själv så presenterade sig han med namn under mötet.*

Förhör Anna Hage, 1986-03-01 kl. 00:15, förhör nr 1

Referensnummer: E-19
Mottagare: Kriminalinspektör E. Näslund
Datum: 1986-03-01
Tid: 00.15
Brott som förhöret gäller: Mordet på Olof Palme
Uppgiftslämnare: Anna Birgitta, Hage
Födelsetid: 1968-09-11
Adress: Torsgatan 4,151 36 Södertälje, tfn 0755-855 60
Arbetsplats: Studerar Tälje gymnasium å vårdlinjen.

Fröken Hage uppger: fredagen den 28:e februari hade hon och en väninna Karin Johansson, besökt Filmstaden på Mäster Samuelsgatan. De lämnade lokalen vid 23-tiden och sammanträffade sedan på Norrlandsgatan med tre kamrater som åkte bil. De körde från Norrlandsgatan och till Sveavägen och passerade Kungsgatan i vänster körfält.

Strax efter de passerat Kungsgatan iakttog hon en man liggande på Sveavägens högra (östra) gångbana. Hon fick den uppfattningen att mannen kanske fått en hjärtinfarkt eller ett epilektikeranfall och bilen stannades och hon sprang fram till mannen. Hon lade samtidigt märke till en man som befann sig ett tiotal meter från den liggande mannen, och springande lämnade platsen. Hon uppfattade denna man -X- som varande medelålders, mörk, och klädd i en ¾ lång rock eller jacka. Hon tror inte att han hade något i händerna. X försvann in på en sidogata till höger.

När hon kom fram till mannen som låg på gångbanan, såg hon att han blödde ur munnen och näsan. En kvinna stod brevid mannen och en man -Y- satt nedhukad vid den skadades huvud. Hon kände om den skadade mannen -Z- hade någon puls och kände därför först på halsen och sedan på ena handleden. Hon kände då inga pulsslag. Hon vände Z på rygg och gav honom två hjärtstötar och fortsatte sedan med

53

hjärtkomprission – cirka 15 - 20 gånger. **Y gav Z konstgjord andning genom att blåsa in luft mun mot mun ett par gånger.** Kvinnan som stod bredvid A verkade vara chockad och "knuffade undan" frk Hage och skrek att ambulans skulle komma och att läkare skulle göra operation. Ambulans kom till platsen och ungefär samtidigt kom polispersonal. Enligt hennes uppfattning verkade Z "livlös" och ha "stela ögon". Hon kände inte igen mannen men fick senare veta att Z skulle vara statsminister Palme. Kvinnan presenterade sig även senare som fru Palme.

Frk Hage kan inte lämna något närmare signalement på mannen X. Det var ganska mörkt på platsen. **Hennes inriktning var att om möjligt försöka få igång hjärtverksamheten hos Z,** som hon uppfattade vara djupt medvetslös.

Uppläst under hand.

Förhöret slut 01:05.

Förhör Anna Hage, 1986-03-03 kl. 17:45, förhör nr 2

Referens: E-19-A
Mottagare: Kriminalinspektör Åke Torstensson.
Datum: 1986-03-03
Tid: 17:45
Brottsfall: Mordet på Olof Palme
Uppgiftslämnare: Anna Birgitta, Hage
Födelsedatum: 1968-09-11
Adress: Torsgatan 4,151 36 Södertälje, tfn 0755-855 60
Arbetsplats: Studerar Tälje gymnasium å vårdlinjen
Åtgärd: Uppföljning av uppslag E-19

Uppgifter: Anna uppfattade den springande mannen som medelålders och av medellängd. Han verkade bredaxlad och huvudet verkade för litet till kroppen. Hon såg inte mannens händer och kan därför inte säga om han bar någonting. Eftersom han sprang med den kioskliknade fyrkanten som bakgrund uppfattade Anna honom som mörk - mörk rock och mörkt hår. Beträffande klädseln är hon ganska så säker på att mannen bar en ¾ lång rock. Hon styrker detta med att ange att hon såg ljuset mellan hans vader men inte mellan låren när han sprang.

Hon menar att hade han haft en kort rock eller jacka borde hon ha sett ljuset mellan benen ända upp till grenet när han sprang. Hon gjorde ingen iakttagelse om någon speciell fotbeklädnad. Hon uppfattade honom som barhuvad.
Anna bedömde det som att mannen sprang i linje rakt från den liggande mannen. Hon tror inte att han t.ex. kommit springande runt ett hörn, eftersom han då måste ha haft en annan placering i gatan. Hon är väldigt osäker, men tror att mannen sprang till vänster om den kioskliknande fyrkanten.
I samband med att Anna steg ur bilen såg hon också en kvinna som stod intill den liggande mannen. Vidare fanns där en yngling som uppehöll sig vid mannens huvud. De båda iakttagna höll på att "joxa" med den liggande mannen. Ynglingen vid den liggande

mannens huvud var klädd i en mellanblå midjejacka typ dunjacka och jeans. Han hade ett smalt ansikte och var mörkhårig.

Kvinnan som var med mannen pratade väldigt mycket, men Anna kommer inte ihåg vad hon sade. Anna har inte varit på platsen sedan ovan beskrivna händelse. Beträffande Annas iakttagelser av den skadade mannen samt hennes hjälpåtgärder hänvisas till tidigare förhör.

Intervju med Anna Hage, Länstidningen Södertälje, 2 mars 1986

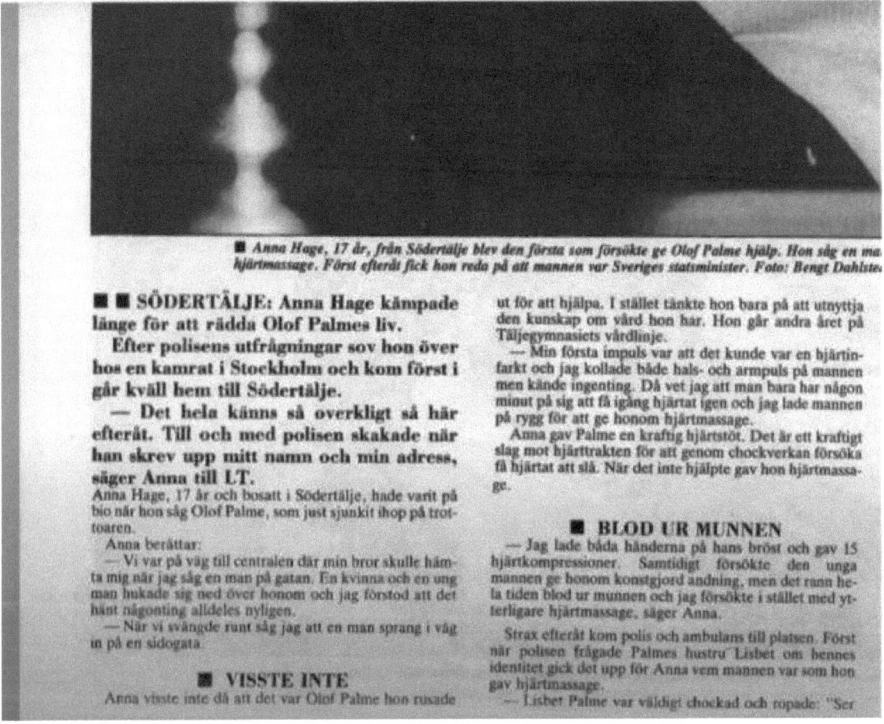

■ *Anna Hage, 17 år, från Södertälje blev den första som försökte ge Olof Palme hjälp. Hon såg en ma. hjärtmassage. Först efteråt fick hon reda på att mannen var Sveriges statsminister. Foto: Bengt Dahlste.*

■ ■ **SÖDERTÄLJE: Anna Hage kämpade länge för att rädda Olof Palmes liv.**

Efter polisens utfrågningar sov hon över hos en kamrat i Stockholm och kom först i går kväll hem till Södertälje.

— Det hela känns så overkligt så här efteråt. Till och med polisen skakade när han skrev upp mitt namn och min adress, säger Anna till LT.

Anna Hage, 17 år och bosatt i Södertälje, hade varit på bio när hon såg Olof Palme, som just sjunkit ihop på trottoaren.

Anna berättar:

— Vi var på väg till centralen där min bror skulle hämta mig när jag såg en man på gatan. En kvinna och en ung man hukade sig ned över honom och jag förstod att det hänt någonting alldeles nyligen.

— När vi svängde runt såg jag att en man sprang i väg in på en sidogata.

■ **VISSTE INTE**

Anna visste inte då att det var Olof Palme hon rusade ut för att hjälpa. I stället tänkte hon bara på att utnyttja den kunskap om vård hon har. Hon går andra året på Täljegymnasiets vårdlinje.

— Min första impuls var att det kunde var en hjärtinfarkt och jag kollade både hals- och armpuls på mannen men kände ingenting. Då vet jag att man bara har någon minut på sig att få igång hjärtat igen och jag lade mannen på rygg för att ge honom hjärtmassage.

Anna gav Palme en kraftig hjärtstöt. Det är ett kraftigt slag mot hjärttrakten för att genom chockverkan försöka få hjärtat att slå. När det inte hjälpte gav hon hjärtmassage.

■ **BLOD UR MUNNEN**

— Jag lade båda händerna på hans bröst och gav 15 hjärtkompressioner. Samtidigt försökte den unga mannen ge honom konstgjord andning, men det rann hela tiden blod ur munnen och jag försökte i stället med ytterligare hjärtmassage, säger Anna.

Strax efteråt kom polis och ambulans till platsen. Först när polisen frågade Palmes hustru Lisbet om hennes identitet gick det upp för Anna vem mannen var som hon gav hjärtmassage.

— Lisbet Palme var väldigt chockad och ropade: "Ser

SÖDERTÄLJE: **Anna Hage kämpade länge för att rädda Olof Palmes liv.**

Efter polisens utfrågningar sov hon över hos en kamrat i Stockholm och kom först i går kväll hem till Södertälje.

- **Det hela känns så overkligt så här efteråt. Till och med polisen skakade när han skrev upp mitt namn och min adress, säger Anna till LT.**

Anna Hage, 17 år och bosatt i Södertälje, hade varit på bio när hon såg Olof Palme, som just sjunkit ihop på trottoaren.
Anna berättar:

57

- Vi var på väg till Centralen där min bror skulle hämta mig när jag såg en man på gatan. **En kvinna och en ung man hukade sig ned över honom och jag förstod att det hänt någoting alldeles nyligen.**

- När vi svängde runt såg jag att en man sprang i väg in på en sidogata.

Anna Hage i tingsrätten, juni 1989

H = Hage
ÅH = Åklagare Helin

H: Umm.

ÅH: "När hon kom fram till mannen, som låg på gångbanan, såg hon att han blödde ur munnen och näsan. En kvinna stod bredvid mannen och **en man, Y, satt nedhukad vid den skadades huvud". Det avviker ju litegrand från vad du sade idag** för du sade att du var den som först kom fram till Olof Palme och efter en stund kom en annan fram och frågade om han kunde hjälpa till.

H: Ja.

ÅH: Hur är det med det där?

H: Nej, jag var framme först.

ÅH: Du var först.

H: Stefan Glans kom ju strax.. strax efteråt.

ÅH: Umm. Sedan hördes du två dagar senare, den 3 mars 1986. Kommer du ihåg det förhöret?

Förhör med Karin Johansson nr 2, 1986-04-02 kl. 15:10

J= Johansson
F= Förhörsledare

J: Jag tror att, det ser ut att vara ett gammalt par, och förmodligen så trodde jag att mannen hade fått hjärtinfarkt eller något liknande. Min första tanke det var, hjälp det är inga människor här, jag kanske kan hjälpa till med någoting. Eftersom jag är scout så har jag, förstahjälpen kan jag ju. I alla fall så kan man ju tillkalla ambulans och försöka lugna ner henne.

F: Men så vitt du minns så…

J: Sen sa Anna till mig då att, kom vi måste hjälpa till. Då liksom, jag hade precis tänkt tanken och liksom inte hunnit säga någoting.

F: Men så vitt du minns nu så ser du en man liggande på marken och en kvinna vid sidan?

J: Ja.

F: Ingen annan människa i närheten?

J: Det är det jag inte kan koppla om jag ser Stefan direkt eller, <u>jag tror jag inte såg honom direkt.</u>

F: Såg du någon så är det den här Stefan?

J: Ja det tror jag, ingen annan, inte vad jag lagt märke till i alla fall.

F: Anna hoppa tydligen ur bilen först?

J: Ja hon sitter närmast.

F: Och du precis efter henne?

J: Ja.

F: Kan du beskriva vad ni gör?

J: Vi springer fram till mannen och kvinnan, då har Stefan kommit. De har lagt honom i framstupa sidoläge.

F: Vem har gjort det?

J: Stefan, ja Stefan har gjort det tror jag det var, hjälp med Lisbet då kanske, det vet jag inte. Anna eftersom hon kan hjärtmassage, hon och Stefan hjälps åt och försöka med upplivningsförsök medan jag försöker lugna ner Lisbet. Lisbet försöker dra bort, hon drog bort Anna, smällde till henne och sa att det skulle vara en läkare till det.

F: Vad fälls för kommentar…

J: Det fälls en kommentar att, av Lisbet eller av allmänheten?

F: Av Lisbet.

J: Att det skall vara en läkare till det här.

... detta så att chauffören hörde det. Det kan ha varit detta som gjorde att chauffören reagerade extra snabbt, och gjorde en så kallad "u-sväng" och svängde upp invid trottoarkanten i närheten av den liggande mannen. När Bäsén första gången lade märke till mannen så kan hon inte påminna sig att hon hade sett några andra människor runt om förutom den kvinna som stod böjd över mannen. På förfrågan uppger hon att hon inte sett någon människa på väg bort från platsen.

Så fort taxibilen stannat hoppade Bäsén ur bilen och sprang fram till den liggande mannen. Samtidigt så kom ytterligare en annan kvinna som hon senare fick veta heter Anne, samt en man i grå jacka. Bäsén hade först trott att mannen fallit ihop på grund av sjukdom, men när hon kom fram så såg hon hur blodet pulsera och förstod att han blivit skjuten. Hon tyckte det hela var mycket otrevligt, och hon kände att hon inte klarade av att titta längre, varför hon gick undan in mot husfasaden och vände därmed ryggen mot den liggande. Hon satte sig där på huk för att försöka återhämta sig. Det var nära att hon fick uppstötningar av det hon sett. Medan hon satt där kom Kenneth Erson fram och försökte trösta henne. Bäsén hade sett att det kom en polispiket till platsen, men i övrigt gjorde hon inte så många iakttagelser eftersom hon hela tiden hade ansiktet mot husfasaden, och ryggen vänd mot händelserna.

På förfrågan uppger Bäsén att hon inte lade märke till några fler personer än **just Anne och mannen i den grå jacka**. Det fanns naturligtvis många fler människor där, men det var inga som Bäsén lade på minnet. Bäsén tillfrågades om hon sett någon med en blåjacka, men hon säger att hon inte har någon sådan minnesbild. På förfrågan om hon såg någon medelålders man med glasögon, keps och mörk rock, så uppger hon likaledes att hon inte har någon minnesbild av någon sådan man. På förfrågan uppger hon också att hon inte sett någon person längre upp i gränden mot Luntmakargatan. Hon påpekar åter igen att hon hade ansiktet vänt mot husfasaden och hade därför inte möjlighet att göra några närmare iakttagelser.

Efter det ambulansen hämtat den skjutne mannen så uppstod det, enligt Bäsén, ett allmänt kaos på platsen, men Bäsén och de övriga som anlänt i taxin samlade ihop sig och satte sig i taxin igen, varefter de åkte från platsen. Bäsén hade inte lämnat sitt namn till polisen. De åkte sedan till restaurang Albatross som de förut bestämt.

Taxin Bäsén åkte i var en vit Mercedes eller Volvo. Hon fick aldrig reda på vad chauffören hette.

Bäsén tillfrågades om hon hört att kvinnan vid den fallne mannen, alltså Lisbet Palme, sagt någonting. Bäsén uppger att hon hörde att Lisbet Palme sade någoting, men inte vad. **Hon hade varit upprörd och Bäsén fick uppfattningen att hon fick den chaufför som kört Bäséns taxi att kalla på ambulans.** Hon hade inte hört Lisbet Palme säga någoting om gärningsmannen.

Bäsén tillfrågades om hon hade hört någon nämna vart gärningsmannen tagit vägen. **Bäsén vill då minnas att mannen med den gråa jackan hade nämnt något om att "han hade tagit den vägen". Därvid visat in mot gränden, alltså Tunnelgatan öster ut. Mannen i den gråa jackan hade varit i ungefär Bäséns egen ålder. Mannen var ljushårig.**

F= Förhörsledare
B= Bäsén

F: Ja Lena nu har du lyssnat när jag läst in det här. Är det korrekt uppfattat av mig?

B: Ja det är det.

F: Har du själv någoting du vill tillägga som inte jag har frågat dig här?

B: Nej inte vad jag kan komma på nu.

F: Då avslutas förhöret klockan 09:09.

Stockholm som ovan

Paul Johansson
Kriminalinspektör

Att notera. *Om det här äger riktighet så antyder det att fru Palme faktiskt agerade relativt behärskat, trots omständigheterna. Det anförs ofta att hon kollapsade totalt, men här finns en konkret uppgift som också styrker både Roberts och Engströms intryck av fru Palme. Det vill säga att hon kunde agera rationellt och delge uppgifter, även om situationen var svår.*

Förhör med Stefan Glantz, 1986-03-05 kl. 18:00

Referens: E9979-3
Mottagare: A. Bäckström
Datum: 860305
Tid: 18:00
Brottsmål: Mordet på Olof Palme
Uppgiftslämnare: Nils Stefan, Glantz
Födelsetid: 630716-xxxx
Adress: Trevebovägen 36, 184 00 Åkersberga, tfn 0764-618 36
Yrke: Student
Arbetsplats: STI, Bältgatan Klass 4 HV Byggteknik
Aktion: Område 1

Uppgifter:
Glans uppger att han fredagen den 28:e februari 1986 under kvällen
vistades på studentkåren bakom McDonalds på Sveavägen tillsammans
med Göran Israelsson, …, samt Kenneth Erson, …, tillika med en flicka
med okänt namn och boende i Stockholm vän med Israelsson. Vid
omkring 23-tiden tog de en taxibil för färd mot Kungsgatan. **Vad han
kommer ihåg så stannade de vid rött ljus och taxichauffören såg en
liggande man och gjorde en u-sväng vid Tunnelgatan så att han kom
i närheten av den liggande mannen. De hoppade allesammans och
Israelsson rusade fram till den på rygg liggande mannen.** Han kan
inte säga åt vilket håll huvudet pekade. Han vände mannen med andras
hjälp till framstupa/sidoläge samt tog pulsen. Han kände den svagt. Han
såg att det rann för mycket blod ur munnen och lyckades få ut detta **och
började mun-mot-mun metoden. Samtidigt hade en flicka senare
identifierad som Anna Hage kommit till platsen och började med
hjärtmassage.** De höll på med detta i vad Glans beräknar ca 2 min
varefter ambulans kom till platsen och förde bort Palme.

**Han säger vidare att han under färden dit eller i samband med
stoppet <u>icke såg någonting som kan gagna utredningen</u>.** Han har även
diskuterat med sina kamrater och ingen av dem heller har sagt att de sett

eller lagt märke till något som kan sättas i samband med brottet. **Vid förhöret överlämnas telefonnummer till Hage på hennes begäran.**

Förhör med Göran Israelsson, 1988-02-03 kl. 15:35

Referens: E9979-7-A
Mottagare: Ingvar Kjellvås
Datum: 1988-02-03
Tid: 15:35.
Brottsmål: Mordet på Olof Palme
Uppgifter avgivna: På telefon
Uppgiftslämnare: Göran Israelsson
Födelsedatum: 19620623
Adress: Trevebovägen 26, 184 00 Åkersberga, tfn 0764-23350
Arbetsplats: Telefon 0764-660 00
Åtgärd: Uppföljning av tips E-17

Uppgifter:
En kort tid innan mordet inträffade tog han en taxi tillsammans med
Stefan Glantz, Kenneth Ersson och Lena Bäsén från Glädjehuset. De åkte
Sveavägen söderut, han satt fram till höger på passagerarsidan. Taxin
stannade i korsningen Sveavägen - Tunnelgatan och de stod som
förstabil, i vilken fil de stod kommer han inte ihåg.

När de satt i bilen tittade någon till vänster och såg då hur en person låg
på trottoaren, Göran tittade då också till vänster och såg hur en person låg
på trottoaren, runt omkring stod tre till fyra personer.

Han såg ingen person som springande lämnade platsen. Han hörde heller
inget skott eller såg någon person som avlossade något vapen. Efter cirka
15 sekunder blev det grönt och taxibilen gjorde en u sväng och parkerade
invid trottoaren vid mordplatsen. Ingen annan bil fanns då i närheten som
han lade märke till. Som han uppfattade det kom de fram som första bil.

Göran kan inte beskriva de personer som stod runt personen som låg på
trottoaren, men det var samma personer som stod kvar när de kom fram.
Han kan bara säja att det var en dam och en kille. Killen hade

tydligen gjort upplivningsförsök för han var alldeles blodig runt munnen.

När han kom fram till platsen kom det ytterligare två tjejer som också hjälpte till med upplivningsförsök av den skadade mannen. Killen som var blodig i ansiktet talade om att det sprungit en person från platsen.

Göran tittade då upp Tunnelgatan österut mot Malmskillnadsgatan men han såg ingen person i gränden/gatan. Det kom ytterligare personer fram till platsen och ett större virrvarr uppstod. Efter 5-10 minuter kom den första polisbilen till platsen. Göran hade då tagit sig an sin kamrat Lena Bäsén som blev illamående av det inträffade.

Göran uppger att han tidigare blivit hörd av polisen.

Förhöret slut kl 15:55.

/Ingvar Kjellvås, Kriminalinspektör/

En återblick

Förlisningen av M/S Estonia

Estonia katastrofen - ett förord

Som varande medborgare i erkända demokratier kan det vara svårt att ta till sig att ledarna för dylika nationer skulle ta till okonventionella metoder för att lägga fram en hopdiktad förklaring till en katastrof som drabbade tusentals människor omgående, samt i efterspelet ytterligare tusentals på tusentals människor. Frågor uppstod omgående om vad som kunde ha förorsakat det katastrofala haveriet. Och vidare, varför de inledande svaren aldrig övertygade de som undersökte förlisningen närmare. De sistnämnda blev i flera fall utstötta och avfärdade, vilket kom att bana väg för en icke acceptabel förklaringsmodell. En modell som visade sig vara svårt bristfällig ur flera synvinklar.

Tidiga reaktioner

Avgående statsminister, **Carl Bildt**, uttalade sig redan följande morgon och lade fram grundorsaken till förlisningen, det lossnade bogvisiret. Det kan tyckas vara ett djärvt uttalande från någon som förmodligen aldrig ens observerat ett bogvisir opererandes. Överlevande tredje maskinist, **Margus Treu** uppgav å sin sida att **"i maskinrummet var det vatten upp till knäna"**. Och vad än viktigare är, **"länspumparna var igång"**. Det här har helt och hållet förbisetts av den officiella utredningen. De här uppgifterna, som kommer att påvisas längre fram, är oförenliga med den officiella redogörelsen. Således återfanns redan på morgonen två versioner avseende händelseförloppet. Den ena härrörande från en politiker, och den andra från en vakthavande ingenjör som överlevde katastrofen.

Att notera är att datumet ifråga, den 28:e september, var samma dag som den nyvalda Socialdemokratiska regeringen officiellt tog makten.

Och att ytterligt beakta beslutades det samma dag att upprätta en granskningskommission gällande mordet på Olof Palme. Det kan självfallet anses utgöra en ren tillfällighet och kräver därför ingen närmare analys, annat än att en motsvarighet under alla omständigheter

71

borde ha upprättats avseende J.A.I.C. och dess yttersta misslyckande, och efterföljande konsekvenser.

J.A.I.C.

The Joint Accident Investigating Commission upprättades i syfte att arbeta brett och internationellt. Det misslyckades i alla hänseenden. Även mindre eller nära på intermezzon till sjöss brukar vanligtvis medföra rättsligt efterspel i form av en sjöförklaring inför domstol. Dock, en katastrof otänkbar i omfattning, gör det inte. I alla fall om logiken hos J.A.I.C. efterlevs. Det här är faktiskt unikt i sjöfartens historia, där inga kända större haverier inte varit föremål för granskning inför en sjöförklaring genomförd i domstol. Vad som ytterligare kommer att anföras är att J.A.I.C. även försummade att upprätta förhörsprotokoll i enlighet med lagen. Väldigt få juridiskt korrekta förhör finns tillgängliga, dock med undantag av de genomförda av den estniska sidan, då de valde att behandla ärendet som ett kriminalfall.

Från den svenska sidan däremot finns exempel där förhörsledare presenterar en tidning med dubbelsida åt den förhörda överlevande, innehållande beskrivning av den officiella förklaringsmodellen. Det här utgjorde naturligtvis ett grovt fall av vittnespåverkan. Alla vittnen och överlevande måste självfallet få presentera sina upplevelser och iakttagelser utan yttre inblandning. Det förefaller som den svenska grenen av J.A.I.C. medvetet förbigick den tillämpningen i och med det uppenbara övertrampet.

Som påtalats tidigare finns tacksamt nog material tillgängligt från den estniska sidan, där istället professionella förhörsledare anlitades samt att utredningen försågs med understödjande individer till de hörda överlevande. Vidare tillgängliggjordes material till marina experter och det är därifrån de mest värdefulla och opåverkade utsagorna går att finna.

Det officiellt framställda händelseförloppet avser ett flödat bildäck p.g.a. att bogvisiret gått förlorat. I samband med det skall även den förliga rampen ha slitits ner och därmed utsatt bildäcket för det öppna havet.

Myterna

Flera enkla att avfärda myter fastställdes rätt omgående för att understödja det officiellt fastslagna förloppet. Naturligtvis borde det här omedelbart givit upphov till oro och bestörtning då det utgjorde en klar antydan att någonting utöver det vanliga redan var i görningen. Den hastiga spridningen av myterna, främst via media, medförde att all oberoende diskussion och analys hamnade i skymundan.

Hårt väder

Medelvinden var vid tillfället för förlisningen ca. 17 m/s vilket på intet sätt utgör extrema väderförhållanden, ej heller grund för spekulationer om ovarsam hantering av fartyget från besättningens sida. Dock tilltog vindstyrkorna efter olyckan och under räddningsinsatserna låg medelvinden på omkring 21 m/s. Det bör därför anföras att både vind- och vågförhållanden när förlisningen ägde rum kan beskrivas som vanligt, lätt till medel, svåra förhållanden. Således kan inget anmärkningsvärt i förhållande till fartyget och eventuell inverkan på det utrönas från väderleksförhållandena som rådde. Till och med under räddningsoperationerna, enligt data erhållna från S.M.H.I, utgjorde varken vindstyrkor eller våghöjd definitionen av en storm. Den verkliga beskrivningen är inte särskilt hårt väder med vind beskrivet som kuling och tilltagande våghöjd under morgonen. Slutsatsen därav är att inga exceptionella förhållanden överhuvudtaget var rådande vid förlisningen.

Klassällskap

En av de mest löjeväckande idéerna som lagts fram är den att fartyget inte hade klartecken för rutten och därmed framfördes i strid mot pålagda begränsningar. Vad värre är, även påstådda experter hävdar att det skulle vara orsaken till haveriet.

M/S Viking Sally, senare omdöpt till M/S Estonia, byggdes och färdigställdes på Meyer Werft, i dåvarande Västtyskland, år 1979. Det finns ingen dokumentation överhuvudtaget om begränsningar avseende rutt. Konstruktionen var likvärdig eller identisk med de fartyg som på den tiden trafikerade Östersjön, oberoende av trafikområde. I synnerhet

Viking Line ägnade sig åt att omplacera sina fartyg på olika rutter, bara det säger att några restriktioner aldrig ens var påtänkta.

De här spekulationerna bottnar helt enkelt i okunskap i kombination med strävanden efter att få fartyget att framstå som sjöodugligt.

Om nu så vore fallet borde flera efterföljande ägare vara medskyldiga, om svenskarnas logik skall tillämpas. Den finländska sjöfartsmyndigheten godkände fartyget för trafik mellan Vasa och Umeå innan den slutliga försäljningen till Estline. Wasa King, som fartget kom att döpas till, erhöll klartecken från klassällskapet för rutten. I trafikområdet det gäller är det vanligt förekommande med hårt väder som tidvis även innebär förseningar, nuförtiden ställs även vissa avgångar in helt och hållet.

Slutsatsen är därmed att fartyget i fråga var vederbörligen behörigt för rutten mellan Stockholm och Tallinn. Inget har någonsin anförts som skulle tyda på motsatsen.

Hanteringen av fartyget

En berömd myt till som florerar är att besättningen på bryggan upprätthöll en för hög fart i förhållande till rådande väderlek. Återigen blossar total okunskap upp. Som redan klargjorts rådde inga speciellt svåra förhållanden varvid en sänkning av farten hade saknat syfte. Då inga grunder förelåg för en sådan åtgärd saknas det helt enkelt grund för att ens överväga något sådant.

Få fartyg skulle anlända på utsatt tid om en reducering i fart utfördes p.g.a. samma förhållanden som M/S Estonia ställdes inför. I verkligheten råder motsatta förfaringssättet ännu i dagsläget, kaptener tar ut mer effekt från maskineriet, ända upp till fullt, av anledningen att inte fördröja ankomsten allt för mycket. Effektuttag bör inte sammanblandas med verklig fart på ett fartyg. Det är helt enkelt inte ens möjligt att upprätthålla en hastighet som kunde utgöra en fara för fartyget under verkligt svåra förhållanden. Men eftersom det här inte ens är tillämpbart på M/S Estonias sista färd, föranleder det ingen vidare diskussion som kan tillföra något.

Påstådd inkompetens

Det här vidriga angreppet på M/S Estonias besättning kan enkelt vederläggas genom uttalanden från officiella kontrollanter. Under en storskalig övning under överinseende av flera sjöfartsmyndigheter noterades det att besättningen utförde sina åtaganden mycket tillfredställande. Således kan besättningen anses vara både behörig och kompetent. Skäl saknas att betvivla detta utifrån tillgänglig dokumentation. Därvidlag utgör det här enbart ytterligare ett falsarium som presenterats i syfte att bekräfta den officiella beskrivningen av förloppet, men som visat sig vara enkel att avslöja.

Förlisningen och utsagor från överlevande

Det som kan utrönas från vittnesutsagor medger en avgränsning gällande händelseförloppet som ytterst ledde till förlisningen av fartyget. Utöver det, så återfinns uppgifter som starkt emotsäger det officiella förloppet, samt att dessa finns i överflöd.

Två ting bör beaktas avseende sjunkförloppet. Det första, och viktigaste, är fartygets uppträdande under förlisningen när förloppet först inleddes. Det andra är hur uppgifter från överlevare kan sättas i förhållande till det.

Nästan omgående framkommer iakttagelser och upplevelser som kräver en förnyad analys av händelseförloppet. Därutöver bör en grundlig stabilitetsgenomgång utföras med avseende på sjunkförloppet och dess tidslinje.

Ett flödat bildäck och efterföljande konsekvenser

Enkelt uttryckt förorsakar ett flödat bildäck det drabbade fartyget att kantra över rätt omgående, vilket förstås betydligt minskar chansen för att överleva, både för besättning och passagerare, för de som befinner sig långt ner i fartyget. På M/S Estonia fanns avdelningar för hytter belägna under bildäck, d.v.s. på däck ett. Det här är väsentligt i förhållande till förlisningen då hela 21 personer som befann sig där överlevde katastrofen. Utav 137 personer totalt som överlevde återfanns således 21 stycken under bildäck i sina hytter. Därvidlag kan det konstateras att överlevande från däck ett är överrepresenterade sett till totala antalet människor som klarade sig. Som tidigare omnämnts medför ett flödat bildäck att fartyget kantrar i snabb takt, vilket då skulle omöjliggöra att någon boende på däck ett att ha en chans att klara sig. Det utgör en utstickande avvikelse att så många från deck ett lyckades fly till säkerhet upp till de övre däcken, där utrustning för livräddning återfanns, när de i själva verket torde ha varit fullständigt chanslösa. Nämnas bör är att redan vid en slagsida på några få grader blir det extremt svårt för en människa att röra sig, för att inte tala om att ta sig upp flera däck. Så hur kommer det sig att de här 21personerna åstadkom att sätta sig i säkerhet i tid och följaktligen även överleva?

Den kraftiga krängningen

Händelseförloppet kan sägas inledas när en plötslig och våldsam krängning av fartyget till styrbord inträffade, vilket medförde att passagerare och besättningsmedlemmar kastades omkring våldsamt, människor kastades ut ur sängar, in i möblemang, väggar och övriga föremål. Emedan majoriteten av passagerarna och lediga besättningsmedlemmar uppmärksammades på att något inte stod rätt till i samband med det, förefaller det sig som om passagerare nere på deck ett redan innan den stora krängningen hade uppfattat att något utöver det vanliga höll på att ske. Vittnesmål från dem påtalar att två uniformerade besättningsmedlemmar begett sig ner till däck ett och överfördes rapportera vatten på däck 1 via radiokommunikation.

Allt det här inträffade innan den våldsamma krängningen. Därmed kan en synnerligen anmärkningsvärd avvikelse noteras i förhållande till det officiella förloppet.

Överlevande från däck ett, sammanfattning av utsagor

Flertalet passagerare på däck ett rapporterade att de både hörde och observerade forsande vatten i korridorerna, samt att vattnet trängde in i hytterna. Det här utgjorde självfallet skäl för stark oro och nämnda passagerare började således evakuera uppåt i fartyget.

Det kan utrönas att det fanns betydande mängder vatten på däck ett innan den stora krängningen ägde rum.

Därutöver rapporterade samma personer att fartyget rätade upp sig efter den kraftiga krängningen. Enligt dem nästan upp till rät köl. Det var under den här tidslinjen som möjligheten för dem att fly uppenbarade sig.

Påföljande utsagor vittnar också om hur fartyget efter upprättandet därefter sakta börja kantra över emot styrbord igen. Det oåterkalleliga sjunkförloppet hade därmed sakteligen inletts.

Som lätt kan utläsas är det presenterade fullständigt oförenligt med ett flödat bildäck, vilket hade förorsakat en närmast momentan katastrofal kantring av fartyget utan någon som helst möjlighet för det att rätas upp.

Stabilitet och ett skadat skrov

På M/S Estonia fanns tre avdelningar under vattenlinjen, dubbelbotten uteslutande bestående av tankar, maskin-och lagerutrymmen och passageraravdelningar med hytter. Vatteninträngning direkt till däck ett kan inte uteslutas, dock finns ej observationer om något sådant att tillgå, förutom att vatten faktiskt strömmade i påtagliga mängder genom korridorerna.

Det som då återstår är en påtaglig skada på skrovet längre ner och/eller åverkan på tankar sammanbundna med däck ett. Katastrofal vatteninträngning i dubbelbotten och/eller maskinavdelningen hade utan tvekan föranlett en kraftig krängning. Men hur kan det här sättas i förhållande till den rapporterade stabiliseringen?

Enär vatten flödar de nedre avdelningarna förorsakas samtidigt en sänkning av fartygets tyngdpunkt. Det här föranleder inledningsvis en upprättande kraft emedan det inströmmande vattnet fyller upp de nedre skrovdelarna. Samtidigt försvagas dock fartygets flytförmåga och utmynnar i en långsam återgång till den inledande slagsidan. Fartyget är då förlorat.

En lägre tyngdpunkt kan aldrig kompensera för oavbruten vatteninträngning under vattenlinjen, endast fördröja förloppet. I det här scenariot förefaller det troligt att vattnet som observerades på däck ett härrörde från en eller flera avdelningar satta under tryck underifrån, varav svaga punkter upp till däck ett penetrerades via genomföringar, fogar och dylikt.

Slutsatser

Således återfinns klara utsagor från vittnen som i klartext beskriver ett scenario som är förenligt med ett hål i skrovet. Likaså finns inga observationer som understödjer att ett flödat bildäck skulle vara grundorsaken till förlisningen.

Den officiella haverikommissionen, J.A.I.C, strävade aldrig efter att ens försöka klargöra dessa avvikelser. Raka motsatta förhållningssätt intogs, istället ägnades påtagliga resurser åt att medelst lögner och förvrängningar vrida bort uppmärksamheten från de här obekväma sakförhållandena.

En väldigt tydlig indikation på det här utgör den överlevande **Carl Övberg**. När "Efterlyst" begärde in tips i ett specialprogram gällande Estonia, ringde Övberg in och var mycket upprörd angående J.A.I.C. Det påvisades att J.A.I.C tagit till metoden att flytta upp Övbergs iakttagelser ett däck upp, till bildäck, emedan de i verkligheten gjordes på däck ett, där Övbergs hytt var belägen.

Övberg är av turkisk börd och hade vid tidpunkten han hördes inte bemästrat det svenska språket. J.A.I.C försummade, som så mycket annat, att förse ett sådant avgörande vittne med en tolk.

Den tyska expertgruppen G.G.O.E, emellertid, tillsåg att Övberg försågs med en tolk. Gruppen ifråga tillsatte en egen utredning oberoende av J.A.I.C. Som en regelbunden resenär på fartyget i egenskap av bilförsäljare i Tallinn, var Övberg väl bekant med fartyget.

Ytterst detaljerat beskriver Övberg sina upplevelser. Han väcktes till ljudet av strömmande vatten och blev starkt oroad. Efter att ha tänt en cigarett såg han att vatten börjat tränga in i hytten. Därefter beslöt sig Övberg för att fly. Den kraftiga krängningen avstannade honom dock, men den påföljande stabiliseringen tillbaka medförde att han fick möjligheten att fly trots att den sakta lutningen tillbaka till styrbord inleddes strax därpå.

Därtill försåg han den tyska expertgruppen med en ritning som i detalj beskriver hans upplevelser, som mycket väl sammanfaller med det alternativa sjunkförloppet här presenterat.

Sista dagen i Tallinn hamn

Vad det förefaller tycks ingen dokumentation gå att finna gällande sista hamnuppehållet i Stockholm. Men emellertid finns material i överflöd avseende sista dagen i Tallinns hamn.

En hamnstats utvärdering genomfördes av både svenska och estniska representanter under liggetiden i Tallinn. Vad som kan noteras är att två protokoll upprättades efter inspektionen, trots att inspektionen utfördes som en gemensam satsning av svenska och estniska myndigheter.

En avvikelse härvidlag är det faktum att båda protokoll är undertecknade av samma inspektörer, trots att innehållet i dem avviker från varandra inbördes.

För att finna en orsak, vilket kunde innebära att ena protokollet är en förfalskning, är det av yttersta vikt att reda ut vad som avlägsnats eller redigerats.

Det skadade röret för pejling i generatorrummet

Som det visade sig var det ett skadat rör för pejling i generatorrummet som utgjorde avvikelsen protokollen emellan. Vad det i praktiken innebär är att generatorrummet inte var tätat mot bottentankarna undertill.Vatteninträngning i bottentankarna undertill hade således även medfört vatteninträngning i utrymmet för dieselgeneratorerna. Naturligtvis kräver en avvikelse av sådan allvarlig grad omedelbar åtgärd, i det här fallet innan avfärden till Stockholm företogs.

Då avsaknad av dokumentation föreligger gällande avvikelsen och eventuella åtgärder därav, kan slutsatsen dras att inga åtgärder vidtogs. Möjligen kan det vara förklaringen till att noteringar om det här saknas i den slutgiltiga rapporten. I värsta fall kan det skadade röret för pejling bidragit till sjunkförloppet.

Ytterligare fynd

Gällande bogvisiret och rampinstallationen återfanns inga allvarliga anmärkningar. Undantag härav utgjordes utav observationer av skadade packningar på bogvisiret ämnade att täta mot skrovet, likaså förliga rampens motsvarande.

Men sådana avvikelser utgör inga skäl för omedelbara åtgärder. Tvärtom är skador på packningar i nämnda installationer vanligt förekommande. I värsta fall kan det föranleda att mindre mängder vatten kan penetrera bildäck. Men beaktas det att bildäck är försedda med så kallade "scupperventiler" är sådant sällan ett problem. Ventilerna i fråga är backventiler och har en avsevärd kapacitet att avleda vatten på bildäck ut i havet innan några stabilitetsfrågor uppkommer. Därvidlag kan slutsatsen befästas att skadade packningar på ramp och visir saknade betydelse för sjunkförloppet.

Motorman **Hannes Kadak** observerade faktiskt på panelen i kontrollrummet att vatten penetrerade den förliga rampens yttersidor, vilket väl sammanfaller med skadade packningar. I synnerhet om det var sjögång på utsidan, vilket väderleksrapporter från S.M.H.I. bekräftar. Det väsentliga är att Kadaks ritningar visar en stängd ramp, om än inte tät.

Med anledning av att haveriet inträffade kort därefter, bestående av den stora krängningen, var både ramp och visir på plats när det skedde. Maskinist **Margus Treu** skickade i samband med det här den av panik drabbade Kadak uppåt för att fly via nödutgången via skorstensschaktet. Tveklöst utspelade sig det här under den våldsamma krängningen och den tillfälliga stabiliseringen. Händelserna sammanfaller även väl med Treus uppgifter om att länspumparna hade startats.

Slutsatserna därvidlag är att några väsentliga mängder vatten inte återfanns på bildäcket i samband med att sjunkförloppet inleddes. Tvärtemot så pekar alla fakta istället mot att ett katastrofalt intag av vatten hade uppkommit under vattenlinjen i dubbelbotten och/eller däck 0.

Tillägg avseende sista dagen i Tallinn

Två händelser inträffade också under sista dagen i Tallinns hamn som kräver ett omnämnande. Det bör noteras att ingen av dessa omnämns i protokollen upprättade efter hamnstats inspektionen. Å andra sidan är händelserna i sin natur sådana som sträcker sig bortom vad som är vedertaget att omnämna i dylika protokoll.

Bombhotet

Det blev aldrig slutligen klargjort varifrån hotet härrörde ifrån. Vidare återfinns ytterst knapphändig dokumentation gällande ärendet. Noteras kan är att den estniska polisen tog det på så pass allvar att en rapport i alla fall upprättades. Dock saknas bevekelsegrunderna för att avföra hotet, vilket sedermera var det som blev slutresultatet.

Men självfallet bör saken beaktas med tanke på vad som kom att hända under Estonias sista färd.

Iakttagelser under lastning av frakt inför sista resan

Enligt utsagor från Övberg var han sent på inkommande till hamnen aktuell kväll framförandes en bil. Hans återkommande resor till Tallinn berodde på att han delvis försörjde sig genom att sälja begagnade svenska bilar till estniska kunder. Kan tilläggas är att Övberg även hade erfarenhet av fartygsunderhåll från tidigare erfarenheter.

I samband med att Övberg ankom fraktområdet noterade han omedelbart avvikelser. Lastningsområdet var avspärrat och det föreföll sig som att det var till förmån för eskorterade fordon. Enligt Övberg verkade det som om eskorteringen bestod i militär natur, med tanke på att han såg uniformerad personal likväl som utstuderade militära fordon.

Via myndigheter är det känt att Estonias verkliga avgångstid från Tallinn var 19:15, en avvikelse på 15 minuter i förhållande till tidtabellen, som officiellt då stipulerade avgång 19:00. Övberg har således observerat något som inte utgjorde rutin.

Sammandrag

Naturligtvis utgör inte de nämnda omständigheterna bevis för fulspel, men självfallet bör händelserna omnämnas. I vilken seriös och djupgående undersökning som helst beaktas all tillgänglig information och reds även ut så långt som möjligt är. Återigen är det här ytterligare ett prov på hur J.A.I.C. så fatalt misslyckades, med resultatet att frågor, men inga svar kvarstår. Dessvärre är det här utredningens eftermäle.

Ur ett neutralt perspektiv kan allt endast sammanfattas med att händelser som inträffade sista dagen ger upphov till flera frågor. Ett bombhot i kombination med en odokumenterad lastningsprocedur kan dessvärre väcka oro om att händelserna på något sätt är sammanlänkande.

Skrovhållfasthet och definition enligt klassällskap

I termer av motstånd mot inre- och/eller yttre flödande av en vätska återfinns tre standarder stipulerade av klassällskap som gäller för samtliga fartyg oberoende av rutt. Därmed existerar inga undantag med avseende på tilltänkt rutt, allt från världsomspännande till innanskärs omfattas härvid. Därvidlag, i strid mot rykten, utgjorde M/S Estonia inget undantag.

Definition av vattentäthet och vattentäta dörrar

Kortfattat beskrivet kan de sägas utgöra en förlängning av skrovet tillgängliga för passage av personal och varuhantering. I M/S Estonias fall bestod dessa i hydrauliskt manövrerade dörrar på däck 0 och däck 1, likväl som den förliga rampen på bildäck.

Samtliga beskrivna mekanismer är konstruerade att motstå full nedsänkning i vatten, likaså att upprätthålla högsta motståndskraft mot eld. I en nödsituation var det möjligt att stänga dem på distans, med undantag av den förliga rampen, som krävde manuell manöverhantering lokalt.

Någon bevisning har aldrig framlagts som gör gällande att nämnda installationerna på M/S Estonia var undermåliga. Den raka motsatsen förefaller vara mer överensstämmande med verkligheten, då inga noteringar gällande brister noterades i kontrollen som genomfördes samma dag för sista avfärden. Även om två protokoll upprättades, finns inga anmärkningar i någon av dem gällande de vattentäta dörrarna.

Slutsatsen är då att de vattentäta dörrarna var funktionsdugliga på M/S Estonia. Däremot bör det noteras att granskarna anmärkte på de skadade packningarna på den förliga rampen, avsedd att täta mot skrovet. Det är inget som medför några allvarliga följder, däremot så är det således påvisat att inspektörerna genomförde en noggrann genomgång av fartygets duglighet.

S.W.T-dörrar (Semi-Watertight Doors) och definition

Det bör observeras att det var nämnda dörrar som tätade trapphus och hissar, i upp- och nedgående riktning, mot bildäcket.

Till skillnad mot de vattentäta dörrarna var dessa styrda elektro-pneumatiskt medelst tryckknappar lokalt. Dock, under sjöresor, var dörrarna ifråga låsta via fjärrstyrning för att förhindra otillbörlig vistelse på bildäcket.

I likhet med de tidigare nämnda vattentäta dörrarna var också de här certifierade enligt högsta brandklass A. Vidare, vilket är ännu mer väsentligt, var de klassade att motstå 10 bars tryck av vatten. Ett vanligt förekommande tillvägagångssätt att testa det här är att spola dörrarna med hjälp av fartygets brandposter med tio bars tryck i systemet.

Ej heller här hade inspektörerna något att anmärka på, vare sig på funktion eller hållfasthet.

Klassning med avseende på vädertäthet

Det här utgör den tredje klassningen angående skrovhållfasthet. I grunden inbär det att skrov och tätningar enbart bör motstå uppkommet hårt väder, såsom kraftigt regnfall i samband med storm exempelvis.

Det här är fallet gällande M/S Estonias bogvisir. Anledningen är att den intre rampen är klassad som vattentät, vilket förhindrar eventuellt läckage från bogvisiret att nå bildäck.

Återigen finns ingen avvikelse gällande M/S Estonia. Dock bör det beaktas att packningarna tillhörande rampen faktiskt var skadade enligt tidigare beskrivningar. Det här medförde då att vatten uppsamlat innanför bogvisiret mycket väl kunnat läcka in på bildäck via rampen. Men, som kommer att förevisas, var det betydelselöst för haveriet.

Bildäcket med intilliggande utrymmen

Alla bildäck är utrustade med vad som benämns som "scupperventiler". I grunden är de backventiler som är konstruerade att lead ut överflödigt vatten från bildäck till sjön utanför. Under vanliga förhållanden kommer de väl till användning när exempelvis spolning av bildäck i rengörande syfte utförs. En enkel och effektiv installation som tillser att oönskat vatten avlägsnas från bildäck.

Som känt ifrån utsagor från Hannes Kadak noterade han faktiskt att små mängder vatten penetrerade den förliga rampen. Men enkelt uttryckt kan dessa mängder aldrig överkommit kapaciteten för "scupperventilerna". Därav utgjorde det här aldrig något hot gentemot fartyget i stabilitetstermer.

Om det osannolika inträffade att en eller flera av "scupperventilerna" fallerade hade ändå S.W.T-dörrarna förhindrat att vatten penetrerat neråt i fartyget. Men vilket är känt från observationer från besättningsmedlemmar och passagerare ägde aldrig någon sådant flöde nertill innan den våldsamma krängningen till styrbord inträffade.

Personal i maskinrummet och den kraftiga krängningen

Häri ligger möjligtvis den kraftfullaste bevisningen att grundorsaken till förlisningen inte utgjordes av okontrollerat inflöde av vatten på bildäcket, i kombination med vittnesutsagor från överlevande från däck ett.

Hannes Kadak är redan i full panik med anledning av den svåra krängningen som uppkom plötsligt och medförde att säkerhetssystem på motorerna stängde ner dessa p.g.a. lågt oljetryck.

Därefter beordrar Margus Treu motorman Kadak och systemingenjör **Henrik Sillaste** till nödutgångarna som återfanns i fartygets skorstensschakt. Treu själv stannade kavar i kontrollrummet och inledde nödlänsning. De här utsagorna, som återfinns i Treus inledande förhör, uteblev i efterföljande utfrågningar av honom. Orsaken till det här är okänt, men vad som kan fastställas är att Treus inledande uppgifter kraftfullt emotsäger det officiella förloppet.

Följder att beakta av utsagorna

Då det inte är möjligt att länspumpa från bildäck, eller ens däck ett för den delen, förefaller det sig så att Treu utförde länsning från däck 0. Vad det verkar, så inleddes det här just innan Kadak och Sillaste inledde flykten upp genom nödutgångarna belägna i skorstensschaktet.

Vad än viktigare är att Kadak och Sillaste avlägsnade sig när den förliga rampen var stängd och intakt, enligt deras egna berättelser.

Det här medför att ett flödat bildäck är ett fullständigt falsarium. Och, vilket redan påvisats, i kombination med utsagor från överlevande på däck ett, pekar allt på ett uppkommet hål i skrovet under vattenlinjen.

Räddningsinsatserna och efterföljande noteringar

Avvikelser står att finna i efterspelet till katastrofen under räddningsoperationerna. Det bör dock nämnas att väderleksförhållandena hade delvis försämrats i förhållande till de som rådde under själva förlisningen. Noterbart dock är att Åbo räddning till synes var utom räckhåll för kommunikation under de kritiska tidpunkterna i samband med förlisningen. Orsakerna till den här avvikelsen, så vitt det är känt, har aldrig utretts och utgör därav ett mysterium i sammanhanget.

Ett tidigt vittnesmål finns från M/S Mariellas kapten, fartyget som kom att assistera under räddningsoperationerna. I den bevarade radiotrafiken hörs det klart och tydligt att kaptenen ifråga, **Thörnroos**, uppger att han har en visuell iakttagelse av M/S Estonia. Med anledning att det är efter nödanropet från MS Estonia, utfärdat av **Andres Tammes**, kan det antas att M/S Mariella var förhållandevis nära platsen för förlisningen.

Vad som då utmynnar i ytterligare märkligheter är att Thörnroos kan höras efterfråga M/S Estonias position, trots att han redan hade en visuell bekräftelse av fartyget ifråga. Det bör omnämnas att Thörnroos sedermera tog tillbaka de här uttalandena och förklarade det som en missuppfattning. Dock står det klart från radiotrafiken att han upprepade frågan flera gånger, och då kan det knappast röra sig om ett missförstånd.

Framöver kommer det att presenteras ytterligare skäl för granskning av just M/S Mariella och behandlandet av de överlevande som omhändertogs av fartyget.

Den försvunna räddningsfarkosten

Flera överlevande som nått de yttre däcken rapporterade att de såg en mindre farkost, uppenbarligen tillhörande M/S Estonia, redan i färd med att lämna platsen för haveriet.

Då beskrivningen av farkosten visar på en täckt båt kan slutsatsen dras att det rörde sig om en MOR-båt, Means Of Rescue, konstruerad för att bogsera flottar och annat efter att ha blivit sjösatt.

Sjösättning av en sådan farkost är tidsödande. Därmed får det antas att sjösättningen skedde tidigt i händelseförloppet, eller om sant, vilket vore fullständigt häpnadsväckande, innan fartyget skadats och sjunkförloppet inleddes.

Enligt vittnesuppgifter avlägsnade sig räddningsfarkosten från haveriplatsen utan att göra några ansatser att assistera personer befinnande sig i havet, klängandes till eller befinnande sig i övrig sjösatt utrustning.

Räddningsfarkostens öde, samt den eller de som befann sig i den, återstår att klargöra. Annan räddningsutrustning, i synnerhet livbåtar, upphittades t.o.m. flera år i efterhand.

En angelägen fråga som bör ställas är om det fanns individer ombord med förhandskunskap om vad skulle komma att ske, varav de försatte sig själva i säkerhet via den täckta MOR-farkosten. Att erhålla bevis avseende detta är självfallet en svår uppgift, men flera vittnen observerade den tidigare nämnda farkosten avlägsna sig på egen hand, enär den kunde varit behjälplig och betydelsefull under räddningsinsatserna som senare kom att inledas.

Vittnesuppgifter från räddade passagerare

Överlevande som togs ombord på M/S Mariella blev snart varse att de inte behandlades i enlighet med protokoll. Tvärtemot, enligt uppgifter, blev de nästan omedelbart utsatta för frågor från uniformerad personal. Personal som uppenbarligen inte var del av den reguljära besättningen. Därav följer att den här oredovisade personalen måste flugits in enbart för detta syfte. Den självklara, och skrämmande frågan, är varifrån då?

I synnerhet en kvinna upplevde det hela som att de behandlades som kriminella. De förbjöds att träffa M/S Mariellas passagerare och besättning och erhöll knappt någon medicinsk assistans. I hennes egna ord, erhöll hon intrycket att ingen var menad att ha överlevt M/S Estonias förlisning.

Det här är beaktansvärt, för vad kunde utgöra skäl till att behandla överlevande på ett så bryskt sätt, om inte de uniformerade personerna var ute efter specifika detaljer?

För att tydliggöra hur kvinnan i fråga kände inför allting så, enligt henne, bröt hon ihop i tårar när hon anlände till tryggheten på Centralsjukhuset i Mariehamn, Åland.

Ända till idag är det okänt vilka de förhörande, uniformerande, männen var.

De försvunna överlevande

Då storskaliga katastrofer inträffar är det naturligt, i synnerhet inledningsvis, att felaktig och förvirrande information sprids p.g.a. den mänskliga faktorn bestående av stress, förvirring och det stora antalet människor inblandade.

Dock bör det emellertid påpekas att i efterspelet av M/S Estonia, är det möjligtvis så att alla inledande rapporteringar inte kan avfärdas med hänvisning till ovan nämnda faktorer.

Sirje Piht, änkan efter kapten **Avo Piht**, hävdade ända till slutet av sitt liv att hon erhållit ett samtal där det bekräftades att hennes make överlevt och undergick behandling i Åbo, Finland. Därtill hade hon ett livfullt minne av att hennes make själv ringt upp henne där han skall ha meddelat att han befann sig i säkerhet. Dock var han förhindrad att återvända p.g.a. problematiska frågor och att Sirje måste föreställa sig "något oerhört överväldigande".

Ett möjligtvis mer obehagligt fall utgörs av M/S Estonias säkerhetsvakt som inledningsvis var uppsatt på listan av överlevare. Hans bror, då bosatt i Åbo, hävdar att han kallades till ett sjukhus i Åbo där han skall faktiskt ha mött sin bror. Men under ett efterföljande besök erhöll han informationen att brodern förflyttats till en annan avdelning på ett annat sjukhus. Till sist när han begett sig till den nya inrättningen fick han svaret att personalen aldrig ens hört talats om brodern. Likaså var rummet han borde ha befunnit sig i städat och förberett för nästa patient. Ej heller fanns något som tydde på att någon nyligen ockuperat rummet i fråga.

Flera exempel återfinns gällande personer som inledningsvis listats som överlevande, för att sedermera istället få statusen omkommen. De nämnda exemplen får anses vara de mest utstickande bland de "försvunna överlevande".

Så vitt det är känt har inga vidare undersökningar genomförts med avseende på de "försvunna överlevande", med undantag av Avo Piht. Den estniska kriminalpolisen skickade en efterlysning via Interpol efter Piht år 2001.

Oegentligheter med EPIRB bojarna

M/S Estonia var utrustad med två av dessa anordningar vars funktion kan jämföras med flygindustrins "svarta lådor". Själva förkortningen står för "Emergency Position Indicating Radio Beacons". En vecka innan förlisningen hade en kontroll av dem utförts som påvisade att de var i funktionsdugligt skick.

Konstruktionskrav på anordningarna stipulerar att utrustningen måste behålla funktion, likväl som att flyta upp automatiskt, även efter att fartyget sjunkit under havsnivå. Båda M/S Estonias anordningar återfanns sedermera, vilket påvisar att de uppfyllde alla krav från klassällskap.

En ytterligare kort beskrivning av dem gör gällande att de även fungerar som en "Voyage Data Recorder", d.v.s. en inspelning av rutten fartyget följt. Så var fallet år 1994 åtminstone.

Att aktivera, avaktivera eller underhålla anordningarna kräver inte enbart kompetens, utan även tillgång till slutna utrymmen såväl som exakt fysisk placering av objekten. En utomstående kan enbart få tillgång till den här informationen direkt från personal ombord som ansvarar för utrustningen, vilket i stort sett omöjliggör manipulation utav utomstående.

Det står klart att EPIRB:erna utsatts för åverkan efter att granskningen av dem genomfördes en vecka innan förlisningen. Efter kontrollen måste någon ha avaktiverat dem båda under kvällen/natten för haveriet. Det här visas av det faktum att än idag har inte gått att på ett tillfredsställande sätt fastställa fartygets rutt, riktning och plats för förlisning. Då anordningarna även upptog radiotrafik är således en väsentlig del av radiotrafiken innan katastrofen skedde förlorad för alltid. I dagsläget återfinns enbart den trafik som skedde på kanal 16 efter att nödanropet skickats ut tillgänglig för analys. Det här utgör naturligtvis en oerhörd avvikelse.

Återigen uppstår frågan om vem som var ansvarig för att avaktivera installationerna. Inga alternativ finns förutom någon i besättningen, eller i ett vidare perspektiv, en utomstående som förevisats proceduren av någon i besättningen...

Vad det innebär är att inga slutsatser kan befästas gällande sista resan och dithörande data. Motsatsen råder, allt som finns är extern positionering från andra fartyg, likaså den radiotrafik som fördes efter nödanropet.

Allt som finns bevarat utgörs av uppskattningar som exkluderar stora delar av den olycksaliga färden. Ur en analytisk synvinkel är det här katastrofalt och utgör ett stort hinder att finna klarhet i händelseförloppet som sedermera utspelade sig.

Tullen i Stockholm

Enligt en pensionerad tulltjänsteman som handhade ankomster till Värta hamnen, där M/S Estonia låg vid kaj under Stockholmsvistelserna, fanns instruktioner från högre ort att inte kontrollera vissa fordon som lastades av fartyget.

Det här förfarandet gav upphov till oro hos nämnda tjänstemannen, varpå han beslöt att utföra egna kontroller i strid mot order. Mannen ifråga fann det besynnerligt att förarna häpnade över de här reguljära kontrollerna. Han beskrev det som om de reagerade som om att han brutit mot en på förhand uppgjord överenskommelse. Enligt uppgift om materialet han observerade bestod det av anordningar för elektro- kommunikation.

Genom alla år har tjänstemannen begärt att få behålla sin anonymitet. Bevekelsegrunderna för att lämna uppgifterna var samvetskval, då han upplevde förfaringssättet som moraliskt förkastligt. Och därtill, i värsta fall, att det kunde ha att göra med katastrofen i sig.

Uppgifter från Robert Barestrand

Året 2023 började Robert Barestrand offentligt yttra information han sade sig besitta gällande mordet på Olof Palme. Mer i detalj utgjorde uppgifterna att en specifik grupp planlade, arrangerade och slutligen genomförde mordet år 1986.

Efter en viss tid framförde Robert även påståenden att tidigare nämnda grupp också bör hållas ansvariga för M/S Estonias förlisning. Och, tilläggsvis, att händelserna var sammanflätade inbördes.

Emellertid hävdar inte Robert att han exakt känner till alla detaljer avseende M/S Estonias förlisning, däremot minns han händelser han upplevde direkt med gruppen som kan sammankopplas med katastrofen.

I utsagorna återfinns faktiskt flera detaljer som sammanfaller med många av de oförklarade händelserna innan, under och efter förlisningen. I efterföljande kapitel kommer Roberts uppgifter att presenteras som varande, likväl som de uppgifter som kan anses vidkommande för katastrofen i sig.

Inledningen

Mycket av materialet har sin grund i direkta observationer och delvis genom att ha närvarat vid både formella och informella möten, likväl som att ha lyssnat på samtal mellan andra möjligtvis inblandade av en slump.

Uppgifter ur minnet

Robert klargör att hans minnen är något diffusa gällande det här ärendet. En sak är han dock säker på. När han insåg vilka planer som var i görningen kontaktade han den svenska polisen den 26:e september, d.v.s. samma dag som M/S Estonia avgick mot Tallinn för sista gången. I egna ord beskriver han att han meddelade att fartyget skulle komma att bombas. Efter samtal med Robert förefaller det som om att samtalet till polisen utfördes någon gång under kvällen den 26:e september, efter att M/S Estonia avgått från Värtahamnen.

Ytterligare en sak Robert är säker på är själva motivet, eller åtminstone delvis. Ombord på M/S Estonia fanns 63 civilanställda poliser tillhörande Stockholmsavdelningen av vilka endast fem överlevde förlisningen. Dessa behövde, brutalt uttryck, elimineras. De skall ha skjutits till döds redan under resan, troligen i samband med att händelseförloppet började inledas.

Vad som gjorde Robert misstänksam var att han innan förlisningen både förevisats och observerat ovanlig utrustning under sina vistelser hos vissa medlemmar i gruppen. Bland andra föremål återfanns förpackningar samt digital- och elektronisk utrustning.

Vidare minns Robert att en mindre motorbåt anförskaffades tillika med tidigare nämnd utrustning. Det fanns också, här är Robert osäker, ett specifikt fordon som gruppen önskade få ombord på M/S Estonia. Det är oklart om så sedermera blev fallet.

Ombord på fartyget under sista resan, hävdar Robert, fanns folk som visste vad som skulle komma att ske, både vad gäller passagerare och besättningsmedlemmar.

Delar av uppgifterna som kan bekräftas

Det utgör ett faktum att ett bombhot riktades mot M/S Estonia den 27:e september medan fartyget låg i Tallinns hamn. Detaljer kring det här är svåråtkomliga, men en möjlighet är att den svenska polisen förde vidare Roberts varning till sin estniska motsvarighet. Nästan med säkerhet kan det fastställas att Roberts samtal ägde rum på kvällen den 26:e september efter att M/S Estonia lämnat hamn. Möjligheten finns således att Roberts samtal är grunden till det emottagna bombhotet den 27:e september.

93

Det återfinns inga uppgifter om skottlossning under haveriets fortgång, dock utesluter det inget med tanke på omständigheterna. Emellertid existerar faktiskt en uppgift från en dykare som deltog i de inledande undersökningarna av vraket. På bryggan upphittades avlidna, bland dem den okände mannen i lila kostym. Individen ifråga hade observerats av passagerare tillsammans med fartygets två kaptener i en restaurang ombord. Dykaren ifråga hävdar att mannen hade klart synliga skottskador. Därmed kan det inte uteslutas att flera ombord föll offer för vapenvåld.

Om olycksorsaken var rättframt sabotage vore det naturliga tillvägagångssättet att förorsaka skador på skrovet under vattenlinjen. Den mängd och typ av utrustning Robert minns kan dock väl länkas till ett sådant förfarande. Tilläggas bör är att Robert även noterade dykutrustning.

En förklaring avseende EPIRB bojarna kan även möjligtvis utrönas från Roberts uppgifter. Om fallet var så att både vissa passagerare och besättningsmedlemmar var införstådda med vad som skulle ske, kan härvidlag den mystiska avstängningen av bojarna få sin förklaring, likaså den räddningsfarkost som observerades lämna katastrofområdet. Och som tidigare nämnts, tyder allt på att farkosten ifråga sjösattes i ett tidigt skede.

En summering

Att få tillgång till konkret material i fallet M/S Estonia är omgärdat med förhinder. För det första intar myndigheterna ett förhållningssätt bestående av tystnad. För det andra har synnerligen märkliga åtgärder satts in av diverse regeringar, exempelvis dykförbud vid vraket. Det har även uppdagats att flera inofficiella dykningar genomförts på vraket, företrädelsevis militära sådana, vad det förefaller. Militära fartyg har sänts till platsen för vraket. Och listan fortsätter, uppenbarligen har något utöver det vanliga varit i görningen. Men mestadels tack vare uppgifter från överlevande som är offentligt tillgängliga, och därtill visselblåsare såsom Robert i det här fallet, finns i alla fall möjligheten att deducera allt till ett sammanhållande alternativt scenario och därefter presentera vidkommande bevis till stöd för detta.

Slutnoteringar

Vittnesutsagor från överlevande passagerare och besättningsmedlemmar återfinns på följande hemsida:

www.estoniaferrydisaster.net

Robert Barestand tillhandahåller en hemsida benämnd www.ynglingen.se och vidare en direkt länk till en engelsk motsvarighet: www.english.ynglingen.se

Epilog

Det sägs att verkligheten överträffar dikten. Sätts det i förhållande till den här skriften må vissa finna det överväldigande att en enskild individ genomlevt så häpnadsväckande händelser. I synnerhet mordet på Olof Palme, men också Estoniakatastrofen, har givit upphov till ett brett spektrum av spekulationer under årens lopp. Även i dagsläget anordnas seminarier, böcker skrivs, podcaster sänds, kanaler på Youtube florerar, samt andra plattformar där händelserna diskuteras utifrån flera olika perspektiv.

Det som åtskiljer Roberts angivelser i förhållande till det ovan är att upplevelserna är personliga och omvittnade på plats. Det gäller i synnerhet mordet på Olof Palme, men med all säkerhet även fallet med Estonia, dock inte lika grafiskt. Det kan beskrivas som varandes unikt i de långdragna debatterna som förekommit.

Inte för att påståenden om förstahands information dykt upp tidigare i samband med de här oerhörda händelserna, men dessa har aldrig hållit måttet inför en kritisk granskning. Därmed kan det inte betonas nog hur mycket Roberts uppgifter skiljer sig åt.

Att faktiskt ha varit närvarande på brottsplatsen, mordet på Olof Palme, göra iakttagelser i samband med det, likväl som att känna de inblandade, är helt enkelt oöverträffat. Då samma individer säga vara ansvariga för M/S Estonias förlisning, kan det inte beskrivas på ett annat sätt en som att ett bombnedslag presenterats.

Då, i synnerhet gällande fallet Palme, Roberts utsagor i flera led kan bekräftas måste därmed slutsaten dras att allt är självupplevt. För att återgå till M/S Estonia kan Roberts uppgifter där bekräftas på ett mer obetingat sätt, dock utgör det här inga skäl att nedgradera värdet i uppgifterna.

Varande intrasslad med de som var ansvariga för genomförandet av mordet på Olof Palme försågs även Robert med urmotivet till mordet. Följderna av mordet på Olof Palme visade sig i snabba förändringar inom nationen. Från att ha varit en suverän stat där storfinansen hölls under kontroll till förmån för folkets väl och ve, omvandlades landet i snabb takt till ett avlopp dikterat av extrem nyliberalism.

Utdrag ur Olof Palmes tal på Socialdemokraternas partidagar år 1984:

"Till en början stod vi måhända litet handfallna inför denna anstormning från höger med alla sina förledande slagord om frihet. Nu börjar nyliberalismen tappa greppet. Nu har dessa idéer prövats i praktisk handling. Det har enbart lett till ökade klyftor, högre arbetslöshet, social nedskärning och försämrade statsfinanser.

De har försökt inbilla människorna att dessa otrevligheter är nödvändiga inslag i en ekonomisk krispolitik. Vi har hittills kunnat visa att den ekonomiska krisen kan övervinnas utan social nedrustning. Om vi lyckas, har det stor betydelse, inte bara för medborgarna i Sverige, utan för hela den internationella debatten i dessa frågor. Därför är vårt ansvar stort.

...

Det förefaller som den politiska agitationen på den borgerliga sidan för närvarande, liksom 1982, övertagits av olika kampgrupper, reklambyråer, organisationer m.m., i någon form representerade av det s.k. näringslivet."

Sannerligen kloka ord från en svunnen tid och frågan uppenbarar sig, kommer någon att våga undersöka den här infallsvinkeln? Endast tiden kan utröna svaret.

Fotnötter

[1] **Gunnar Ställfors**, född 1934-09-19, död 2015-10-01. Gärningsman, nöjesarrangör. Sedan 1988 huvudsakligen bosatt på Sri Lanka.

[2] **Bertil Albons**, Åke Sven **Bertil**, född 1939-10-06, död 2011-04-09. Bankdirektör SEB.

[3] **Stig Engström**, **Stig** Folke Wilhem, född 1934-02-26 i Indien. Död 2000-06-10?

[4] **Ann-Kristin Magnusson/Bonnier/Wallenberg**, född 1951-04-03. Död 2019 i en seglingsolycka i Schweiz.

[5] Detta skulle eventuellt kunna ha varit **Nicola Fauzzi**, kocken som senare mötte paret Palme vid La Carterie. Robert säger att han kommer ihåg honom för han var utrustad med NIKE ryggsäck och hörlurar.

[6] Om att det finns vittnesuppgifter om att 2 män springer uppför trapporna mot Malmskillnadsgatan, se analys: https://efolket.eu/mordet-pa-olof-palme-det-forsvunna-garningsmannavittnet-pa-tunnelgatan/

[7] Robert fick senare av Håkan höra att det fanns en äldre kyrkvärd som varje natt besökte S:t Johannes Kyrka uppe på Brunkebergsåsen. Han kanske råka komma förbi på Tunnelgatan just efter mordet men inte ville bli inblandad på något sätt.

[8] **Stig Engström** har alltså, enligt Robert, sprungit Tunnelgatan österut i ett mycket tidigt skede när det inte fanns några poliser att försöka jaga ikapp. Historien om polisjakten är alltså troligen ett påhitt.

[9] Denna märkliga händelse kan tolkas som att någon inom polisen, med vetskap om Roberts första kontakt med polisen, kontaktar Gunnar och berättar att Robert har "skvallrat". Gunnar säger då att Robert har livliga fantasier. Mötet ska skrämma Robert till tystnad, han ska inte våga gå till polisen igen.

[10] Den troliga motivationen för Gunnar att träffa Mårten Palme var att skrämma familjen Palme till passivitet under mordutredningen. I gruppen kring Gunnar fanns flera illvilliga rykten om Olof Palme, som också användes internt för att motivera mordet.